Ayudante de Cocina
(Grupo IV)

COMUNIDAD DE CASTILLA Y LEÓN

AF212406

Materias Específicas

Si aún no dispones de tu **Curso MAD360**, te ofrecemos un acceso GRATIS de 30 días para que disfrutes de los siguientes recursos:

- Técnicas de Memoria 360.
- MADTEST: Test *online* Nivel PRO.
- Temario en formato digital.
- Vídeos.
- Planificación de estudio.
- Foro entre opositores hasta la fecha del examen.*
- Recursos y novedades exclusivas.
- Consúltanos sobre tu oposición y proceso selectivo.
- Actualizaciones legislativas (Boletines Oficiales) hasta 60 días antes de la fecha del examen.*

Para acceder a esta prueba del Curso MAD360** será necesaria la compra de todos los libros para esta especialidad de la edición 2025.

Regístrate en **mad.es/iniciar-sesion** y en la pestaña BIBLIOTECA valida los códigos que encuentras en la última página de tus libros.

NOTA IMPORTANTE:

* Examen de esta categoría profesional correspondiente a la convocatoria publicada en el BOCYL n.º 92, de 16 de mayo de 2025, o hasta el 31 de julio de 2026, lo que se cumpla antes, y previa renovación del servicio.

** El acceso al CURSO MAD360 estará disponible desde julio de 2025 (algunos recursos podrían estar disponibles en fecha posterior). Tendrá una duración de 30 días RENOVABLES mediante pago, desde la validación de códigos, o hasta el 31 de enero de 2027, lo que se cumpla antes.

MAD se reserva el derecho a ampliar dichas fechas.

Ayudante de Cocina de la Administración de la Comunidad de Castilla y León (Grupo IV Personal Laboral)

Junio, 2025

Ayudante de Cocina de la Administración de la Comunidad de Castilla y León (Grupo IV Personal Laboral)

Test del Temario Específico

ANA MARÍA SERRANO BÁRCENA
Licenciada en Biología

MAGDALENA CERVERA MELLADO
Técnico Superior en Dietética y Nutrición
Licenciada en Podología
Posgrado en Prevención Sanitaria

© 7 Editores Recursos para la Cualificación Profesional y el Empleo, S.L. (7 Editores)
© Las autoras
Primera edición, junio 2025 (190 páginas)
Derechos de edición reservados a favor de 7 Editores
IMPRESO EN ESPAÑA
Diseño Portada: 7 Editores
Edita: 7 Editores
Avda. San Francisco Javier, 9 · Edificio Sevilla 2 · Planta 11 · Módulos 25-27 · 41018 Sevilla
Teléfono: 954 784 411 · WEB: www.mad.es · e-mail: administracion@7editores.com
ISBN: 978-84-142-9689-9
© "Editorial Mad" y "Eduforma" son nombres comerciales registrados de
7 Editores Recursos para la Cualificación Profesional y el Empleo, S.L.

Índice

Materias Específicas

TEST

TEST N.º 1

La cocina. Instalaciones y zonas que la componen. Equipos, maquinaria herramientas y utillaje. El personal de cocina. Puestos, funciones y responsabilidades

1. A la hora de seleccionar una máquina de cocina, ¿qué factor/es se tendrá/n en cuenta?

a) Lugar de instalación.
b) Fórmulas de restauración a utilizar.
c) Capacidad de los equipos.
d) Todas las respuestas son correctas.

2. ¿Qué significa el concepto de marcha adelante?

a) Que no se deben cruzar las vías "sucias" y "limpias".
b) Que los alimentos no deben volver atrás en el proceso.
c) Que la distribución de la cocina debe estar determinada por el proceso.
d) Todas las respuestas son correctas.

3. El servicio de cocina para colectividades, ¿será propio o ajeno?

a) Propio.
b) Ajeno.
c) Puede ser propio o ajeno.
d) Ya sea propio o ajeno, la cocina siempre estará situada en el centro.

4. Según el principio de marcha adelante, ¿cuál de las siguientes respuestas es correcta?

a) El proceso de emplatado irá en una sola dirección y no retrocederá en ningún momento.
b) La zona de lavado estará situada junto a la zona de preparación, para evitar que los platos sucios recorran largas distancias.

c) Los cubos de basura estarán al final de la zona de emplatado por si sobra algo, ya que los alimentos avanzarán desde las zonas sucias a las zonas limpias.

d) Todas las respuestas son correctas.

5. Si la gestión del servicio de cocina se externaliza, y la comida se elabora en las instalaciones del Centro, ¿qué modalidad es aquella en la que la explotación de la cocina corresponde al personal del Centro, pero la provisión de materia prima se lleva a cabo a través de un proveedor externo?

a) Unidad de producción externa.

b) Unidad de producción interna y provisión externa.

c) Unidad de producción mixta.

d) Internalización de la gestión.

6. ¿Qué características tiene la cocina centralizada?

a) Alejamiento y aislamiento de los locales de cocina de cualquier fuente de contaminación.

b) Fácil acceso desde la zona de recepción de materia prima a la cocina, y de la cocina a la zona de distribución.

c) Suelos antideslizantes, con la debida inclinación hacia los sumideros para evitar acumulación de agua.

d) Todas las respuestas son correctas.

7. ¿Qué característica no debe tener la cocina centralizada?

a) Espacio suficiente para la actividad a realizar, y para la circulación del equipamiento móvil.

b) Las tuberías y conductos de aire estarán a la vista, para evitar la acumulación de suciedad.

c) Las uniones entre paramentos serán redondeadas para facilitar su limpieza.

d) Habrá lavamanos suficientes, con sistema de accionamiento por pedal preferentemente, para facilitar el lavado higiénico de manos.

8. Con el sistema de cocina central:

a) Se consigue la manipulación de los alimentos en los *offices*.

b) Se evita la producción de residuos en cocina.

c) Se elimina la manipulación de los alimentos en los *offices*.

d) Se elimina el paso de los alimentos por las dependencias de limpieza.

9. Las aberturas y ventanas o huecos practicables para la ventilación de los locales de cocina deberán estar dotados de:

a) Sistema de clausura para impedir su manipulación.

b) Cristales opacos para evitar que la luz natural estropee los alimentos.

c) Rejillas de malla adecuadas para evitar el paso de insectos.
d) Rejas homologadas por la ley de prevención de riesgos laborales.

10. En los locales de cocina, las uniones de paramentos verticales y horizontales:

a) Deberán ser redondeados.
b) Deberán estar recubiertos con perfiles metálicos.
c) Deberán estar recubiertos con perfiles de PVC.
d) Se pintarán al menos dos veces al año.

11. Una de las características que deberá tener el suelo de una cocina colectiva es:

a) Deberá estar provisto de desagües con los dispositivos adecuados (sifones, rejillas, etc.).
b) Estará totalmente nivelado y desprovisto de sumideros para evitar los malos olores y el acceso de roedores o insectos.
c) Estará construido con materiales absorbentes que empapen cualquier derrame de líquidos.
d) Estará construido con material deslizante para facilitar su limpieza.

12. Las actividades relacionadas con la manipulación de alimentos tienen un flujo marcado por:

a) El principio de marcha adelante.
b) El principio de cruce de circuitos.
c) El principio de economía de movimientos.
d) Ninguno de los anteriores.

13. ¿Qué características cumplirán las áreas para la higiene de personal de la cocina?

a) Los vestuarios de personal se situaran en dependencias anexas a los locales donde se manipulen alimentos.
b) Los servicios higiénicos no tendrán acceso directo a la zona de manipulación.
c) Habrá lavamanos suficientes, con sistema de accionamiento por pedal preferentemente, para facilitar el lavado higiénico de manos.
d) Todas las respuestas son correctas.

14. ¿Cómo debe ser el suelo de la cocina de colectividades?

a) De metal con rejillas.
b) Antideslizantes.
c) Con inclinación suficiente hacia sumideros.
d) Las opciones b) y c) son correctas.

15. ¿Cuál de los siguientes no es una característica de los equipos y otros útiles de trabajo en una cocina?

a) Materiales inocuos.
b) Materiales porosos.
c) Materiales lisos.
d) Materiales fáciles de limpiar.

16. ¿Cómo han de ser los techos de una cocina para colectividades?

a) Estarán construidos de forma que no se acumule polvo.
b) De fácil limpieza.
c) Protecciones para evitar cualquier tipo de accidente por rotura.
d) Todas son correctas.

17. ¿Cuál de las siguientes zonas de una cocina se considera zona sucia?

a) Zonas de lavado.
b) Zona de emplatado.
c) Zona de distribución
d) Todas son zonas sucias.

18. A una de las puertas batientes le ha salpicado aceite; ¿cómo serán las puertas de la cocina?

a) De material liso.
b) Fáciles de limpiar.
c) De material rugoso.
d) Las respuestas a) y b) son correctas.

19. ¿Qué característica/s debe tener el proceso de producción en cocina?

a) Flujo continuo.
b) Separación de zonas.
c) Establecimiento de circuitos.
d) Todas las respuestas son correctas.

20. ¿Qué respuesta es falsa?

a) Cada zona de trabajo contará con los materiales necesarios.
b) Cada zona de trabajo contará con los utensilios necesarios para las tareas a realizar.
c) En la cocina nunca se establecen diferentes circuitos.
d) La respuestas a) y b) son correctas.

21. ¿Qué son las partidas?

a) Secciones de cocina donde se realizan distintas tareas.
b) Equipos específicos para tareas de pastelería o salsero.
c) Grupos de personas que elaboran un plato concreto.
d) Sistema de producción en cocina.

22. ¿A qué partida corresponde la elaboración de fondos?

a) A la partida de salsero.
b) A la partida de entremetier.
c) A la partida de pastelero.
d) Son correctas las respuestas a) y b).

23. ¿Cuál de estas tareas corresponde a la partida de cuarto frío?

a) Producción de pan.
b) Preparación de guarniciones.
c) Limpieza y fraccionamiento de pescados.
d) Todas las respuestas son correctas.

24. ¿Qué diferencia una distribución lineal de cocina con una distribución en U?

a) La ubicación de entrada y salida.
b) La ordenación de las secciones.
c) El avance del proceso.
d) Todas las respuestas son ciertas.

25. En una distribución lineal, ¿dónde se ubica la sección de emplatado?

a) Inmediatamente tras la sección de preparación.
b) Tras la sección de elaboración.
c) Antes de la sección de recepción.
d) Tras la sección de preparación.

26. El nivel de iluminación que debe reunir un local de cocina estará calculado para un valor de:

a) 100 lux.
b) 200 lux
c) 500 lux.
d) 800 lux.

27. ¿Qué ventaja tiene la centralización de los servicios de restauración?

a) Permite la concentración de los recursos para optimizar los resultados.
b) Permite utilizar la producción en línea fría, aunque no en línea caliente.
c) Requiere menos inversión inicial.
d) Todas las respuestas son correctas.

28. ¿En qué consiste el *catering*?

a) La comida se elabora en el propio centro.
b) La comida se lleva elaborada al centro para su distribución.
c) Es un sistema de centralización con autogestión.
d) Ninguna respuesta es correcta.

29. ¿Puede haber externalización de la gestión cuando la unidad de producción es interna?

a) Sí, mediante la centralización.
b) Sí, la explotación de la cocina corresponde al personal del centro, pero la provisión de materia prima no.
c) No, siempre habrá unidad de producción externa.
d) No, nunca.

30. ¿Qué etapas se llevan a cabo en la cocina central?

a) Recepción de materia prima y almacenamiento.
b) Preparación y elaboración.
c) Emplatado y distribución.
d) Todas las anteriores.

31. ¿Cómo se garantizan las condiciones higiénicas y la conservación de las características organolépticas de los menús cuando son trasladados a otros centros?

a) Mediante la continua supervisión y análisis durante el traslado.
b) Dando un tratamiento térmico en destino.
c) Utilizando sistemas de transporte adecuados (carros y vehículos).
d) Todas las respuestas son correctas.

32. ¿Qué criterio se tendrá en cuenta a la hora de colocar las máquinas y utensilios de cocina?

a) Que ocupen el menor espacio posible.
b) Que permitan el acceso para su limpieza.
c) Que queden en el centro de la cocina.
d) Todas las respuestas son correctas.

33. En una cocina centralizada, ¿hacia dónde irán los flujos de aire?

a) Hacia la entrada.
b) Hacia la zona limpia.
c) Hacia la zona sucia.
d) Hacia la zona de distribución por ser la fase final del proceso.

34. ¿Qué medida reduce las posibilidades de contaminación del alimento?

a) Separación de zonas de trabajo en cocina.
b) Utilización de circuitos cortos.
c) Empleo de utensilios específicos en cada área de trabajo.
d) Todas las respuestas son correctas.

35. ¿Qué afirmación es falsa sobre la ubicación de las cámaras?

a) Estarán en un lugar protegido de los factores ambientales que pueden influirle.
b) Tendrán termómetro interno y externo con lectura interna.
c) Los higrómetros darán una lectura de forma permanente.
d) Estarán fabricadas en material resistente a los golpes y fácil de limpiar y desinfectar.

36. ¿Qué accesos en cocina deben estar bien diferenciados y no coincidir?

a) Salida de carros con la comida y entrada de carros con la vajilla sucia.
b) Salida de carros con la comida y entrada de carros con restos de comida.
c) Salida de carros con la comida y salida de basuras.
d) Todas las respuestas son correctas.

37. ¿Qué actividades pertenecen al circuito sucio en cocina?

a) Solo los residuos.
b) Manipulación de productos crudos, ya sea en su fase de acondicionamiento o cuando ya están listos para el consumo.
c) Actividades que generan contaminación.
d) Todas las respuestas son correctas.

38. ¿Cómo se distribuye el circuito de los alimentos?

a) El acondicionamiento de la materia prima constituye un circuito sucio que no debe tener cruces con el circuito limpio.
b) Los alimentos elaborados y su distribución constituyen un circuito sucio y no debe cruzarse con la materia prima.
c) El alimento en todas sus fases se considera en circuito limpio por el riesgo de contaminación.
d) Ninguna respuesta es correcta.

39. Los utensilios de cocina listos para su uso, ¿están en un circuito limpio o sucio?

a) Sucio.
b) Limpio.
c) Pueden estar en ambos.
d) No están en ninguno.

40. ¿Qué recorrido tendrá el circuito de residuos?

a) Desde la zona de evacuación hasta el vertedero.
b) Desde la zona de generación hasta la zona de evacuación.
c) Tendrá un recorrido de ida (circuito sucio) y otro de vuelta (circuito limpio).
d) Para los residuos no se definirán circuitos.

41. ¿Qué solución habría si la zona de recepción de materias primas y la salida de desperdicios no pueden estar separadas físicamente?

a) Realizar ambas operaciones con cuidado cuando coincidan.
b) Utilizar elementos cerrados para el traslado, cuando coincidan.
c) Separar ambas operaciones en el tiempo.
d) No hay solución, se deber realizar una reforma.

42. ¿Qué es la cadena alimentaria?

a) El desarrollo y encadenamiento de todos los procesos y transformaciones por los que pasa el alimento desde la producción primaria hasta su distribución, venta y consumo como producto final.
b) La posibilidad de encontrar y seguir el rastro, a través de todas las etapas de la producción, transformación y distribución, de un alimento.
c) La etapa anterior a la entrada de los productos en la empresa.
d) La descripción elaborada por la autoridad competente sobre la estructura, organización y funcionamiento de sus sistemas de control.

43. ¿Cómo se realiza la explotación de una cocina centralizada?

a) La comida se elabora en las instalaciones propias de una empresa privada, y es transportada al Centro, donde la distribuye el personal del centro.
b) Los procesos de producción de comida, conservación, emplatado y distribución se llevan a cabo en las instalaciones de cocina del Centro.
c) La elaboración de la comida la realiza personal del propio Centro junto con personal de la empresa externa contratada. A esta última le corresponde además la provisión de materia prima.
d) Todas las opciones anteriores corresponden a un sistema de autogestión.

44. ¿En qué partida es frecuente que no se disponga de cocina para la elaboración de algunos platos, que posteriormente se sirvan fríos, aunque luego vuelvan a la misma después de pasar por otra?

a) Partida de Salsero.
b) Partida de cuarto frío.
c) Partida de Entremetier o entremesero.
d) Partida de Pastelero.

45. ¿Dónde existirán rustideras como dotación de partida de Unidad de Cocina?

a) Partida de Salsero.
b) Partida de cuarto frío.
c) Partida de Entremetier o entremesero.
d) Son ciertas las respuestas a) y c).

46. ¿En qué organización y distribución adecuada de las zonas de trabajo de la unidad de cocina central el avance en la marcha hace un giro de 180º con cambio de sentido?

a) Lineal.
b) Cíclica.
c) En L.
d) En U.

47. ¿Cómo se denomina la distribución según estén las secciones de la cocina cuando la entrada de la materia prima y la salida de los platos elaborados se disponen en lugares opuestos, el avance es en un sentido, pero en algún punto se produce un ángulo para aprovechar el espacio?

a) Lineal.
b) Cíclica.
c) En L.
d) En U.

48. ¿A qué principio atenderá la manera en la que se debe hacer la distribución de equipos en la cocina para colectividades?

a) Se basará en el principio de marcha adelante.
b) Se basará en el principio de separación de zonas de trabajo.
c) Se basará en el principio de conexión entre las distintas fases del proceso.
d) Se atenderá atendiendo a todos los anteriores principios.

49. Con el principio de marcha adelante:

a) Se evitarán las contaminaciones cruzadas.
b) Se podrá conseguir que un alimento retroceda a una etapa anterior.
c) Se conseguirá que no exista la separación de zonas de trabajo, y con ello mejor visión del conjunto de trabajo.
d) Se evitará el establecimiento de circuitos que perjudican la organización.

50. Respecto a la ventilación de la cocina centralizada todo será cierto, excepto que:

a) Podrá ser natural.
b) Podrá ser artificial.
c) Tendrá siempre un sistema de renovación de aires.
d) Los flujos de aire irán desde las "zonas sucias" a las "zonas limpias".

51. ¿Cuál de estos utensilios sirve para la elaboración de pescado?

a) Turbotera con rejilla.
b) Lubinera.
c) Besuguera.
d) Todas las anteriores tienen esa utilidad.

52. ¿Qué ventajas tiene el acero inoxidable?

a) Gran resistencia.
b) Fácil limpieza.
c) Buen conductor del calor.
d) Las respuestas a) y b) son correctas.

53. ¿Para qué se utiliza la marmita?

a) Para elaborar asados.
b) Para elaborar fondos.
c) Para cocciones al vacío.
d) Todas las respuestas son correctas.

54. ¿Qué capacidad media tiene un cazo alto con mango?

a) De 2 a 6 litros.
b) De 10 a 15 litros.
c) 50 litros como máximo.
d) Tiene capacidad mínima de 20 litros.

55. ¿Cuál de los siguientes utensilios de cocina se utilizan para asar alimentos?

a) Marmita.
b) Cazo.
c) Rondón.
d) Rustidera.

56. ¿Cuál de los siguientes moldes no es redondo?

a) Pudding.
b) Magdalenas.
c) Brioches.
d) Bizcocho.

57. ¿Qué característica tiene el molde de pan de miga?

a) La masa fermenta dentro.
b) No tiene tapa.
c) Es de plástico.
d) Todas las respuestas son correctas.

58. La *sautese* es utilizada para:

a) Saltear, rehogar y estofar géneros.
b) Confeccionar salsas y cremas.
c) Asar grandes piezas de carne.
d) Presentar pescados.

59. ¿Para qué se utiliza la cazuela de barro?

a) Se utiliza mucho para elaborar asados en horno.
b) Para hacer la sopa castellana.
c) Para hacer marmitako.
d) Todas son correctas.

60. ¿Para qué se utiliza el baño María?

a) Se usa para mantener calientes ciertas elaboraciones.
b) Para asar.
c) Para elaborar salsas, hervidos, purés, cremas.
d) Se utiliza para la cocción de pequeñas cantidades de producto.

61. ¿Para qué se utiliza un tamiz?

a) Para batir.
b) Para homogeneizar el grosor de ciertos alimentos como la harina.

c) Para decorar o rellenar con masa o crema.
d) Para rebañar las mezclas o masas.

62. ¿Qué característica debe cumplir cualquier generador de calor respecto a su ubicación?

a) Dejará espacio alrededor para la difusión de la energía que se pierda.
b) La maquinaria ha de estar debidamente aislada para evitar toda pérdida de energía.
c) Toda maquinaria irá pegada a la pared.
d) Son correctas las respuestas a) y c).

63. ¿Cómo se puede evitar que el gas salga una vez que los fogones están apagados y no hay llama?

a) Solo se garantiza cortando el suministro.
b) Con una válvula de seguridad.
c) Con un generador de frío que compense el calor.
d) No se puede evitar.

64. ¿Qué afirmación es cierta?

a) En la placa de inducción el calor pasa de la resistencia eléctrica al cristal cerámico y de este al recipiente.
b) En las placas vitrocerámicas se utiliza un mecanismo de campo magnético.
c) La placa de inducción permanece fría al retirar el recipiente.
d) El sistema de inducción necesita utensilios no metálicos.

65. ¿Qué función tiene la campana extractora en cocina?

a) Absorber los vapores y gases desprendidos en la cocción.
b) Reducir la temperatura desprendida durante la cocción.
c) Mover el aire interno de la cocina para evitar que se concentren vapores.
d) Emitir aire frío.

66. ¿Qué elementos suelen ser desmontables en las cocinas de gas?

a) Rejilla-soporte de recipientes y placa recogedora de grasa.
b) Quemador y bandeja.
c) Todos los anteriores.
d) Ninguno de los anteriores.

67. ¿Cómo se definen los utensilios de cocina?

a) Herramientas utilizadas para la manipulación de los alimentos.
b) Herramientas utilizada para la elaboración de platos.

c) Elementos utilizados para protegerse de los riesgos derivados del trabajo.

d) Las respuestas a) y b) son correctas.

68. ¿Qué sistema de seguridad tienen las placas de inducción?

a) Solo transmiten calor cuando entran en contacto con el recipiente.

b) Avisan sonoramente cuando se acerca la mano.

c) Marcan la temperatura del alimento que se está calentando.

d) Transmiten de manera continua el calor, y solo se puede regular por el propio trabajador.

69. ¿Qué inconveniente tiene el uso de productos corrosivos en los fogones eléctricos?

a) Pueden producir quemaduras o lesiones.

b) Pueden atacar al mecanismo del equipo.

c) Pueden producir accidentes cuando se conectan.

d) Todas las respuestas anteriores son correctas.

70. ¿Qué equipos se utilizan en cocinas industriales?

a) Generadores de calor.

b) Generadores de frío.

c) Las respuestas a) y b) son correctas.

d) Las respuestas a) y b) son falsas.

71. ¿Cuál de estos procesos no necesitan máquinas generadoras de calor?

a) Elaboración de platos.

b) Mantenimiento de las temperaturas de los alimentos.

c) Cocina en línea caliente.

d) Ninguna respuesta de las anteriores es correcta.

72. ¿En qué caso es útil un generador de frío?

a) Conservación de género perecedero.

b) Conservación de alimentos congelados.

c) Mantenimiento de comidas preparadas.

d) Todas las respuestas son correctas.

73. ¿Qué función tiene el abatidor de temperatura?

a) Aumentar la temperatura.

b) Conservar el alimento.

c) Bajar la temperatura del alimento.

d) Cocer alimentos a presión.

74. ¿Cuál de estos elementos alcanza una temperatura más baja?

a) Cámara de refrigeración.
b) Cámara de congelación.
c) Abatidor de temperatura.
d) Antecámara.

75. ¿Cómo se realiza el control de temperatura en el interior del alimento?

a) Mediante sondas termométricas.
b) Mediante agujas sondas.
c) Midiendo la temperatura exterior con un termómetro y calculando 10 ° menos.
d) Son ciertas las respuestas a) y b).

76. ¿Qué son las mesas refrigeradas?

a) Son mesas de trabajo de acero inoxidable y en su parte inferior tiene instalado un sistema frigorífico.
b) Son mesas de trabajo cuya única característica es que están dentro de una cámara frigorífica.
c) Son mesas para mantener calientes las elaboraciones hasta el momento del servicio.
d) Ninguna respuesta es correcta.

77. ¿Cuál de estas características para las cámaras frigoríficas es correcta?

a) Las superficies serán impermeables a las condensaciones y a la humedad, y de fácil limpieza.
b) Las puertas cerrarán con dispositivos herméticos y se abrirán por dentro y por fuera.
c) Todos los accesorios interiores y estantes serán desmontables y fáciles de limpiar.
d) Todas las respuestas son correctas.

78. ¿Cómo se hace el helado?

a) Por batido y enfriamiento.
b) Por congelación y posterior mezcla.
c) Por fusión y batido.
d) Por congelación.

79. ¿Qué es una salamandra?

a) Un horno.
b) Una placa.
c) Una gratinadora.
d) Una tostadora.

80. ¿Qué precaución se ha de tomar en el momento de limpiar una freidora?

a) Que esté desconectada.
b) Que el aceite no esté todavía caliente.
c) Vaciar la cubeta.
d) Todas las respuestas son ciertas.

81. ¿Qué sistema utiliza el horno microondas para transmitir el calor?

a) Ondas electromagnéticas.
b) Gas.
c) Calor.
d) Puede utilizar cualquier fuente de calor.

82. ¿Qué precaución se tomará en el manejo del microondas?

a) No meter nunca recipientes metálicos.
b) Introducir alimentos en recipientes herméticos.
c) No se limpiará el interior.
d) Todas las respuestas son ciertas.

83. ¿Cómo funciona la olla a presión?

a) Se acumula vapor en el interior hermético que se retiene sin salida posible.
b) El vapor sale por la válvula.
c) Funciona por transmisión de calor por ondas.
d) Las espumas salen por la válvula.

84. En el baño María, ¿qué ventaja tiene que el agua esté en movimiento?

a) Asegurar el calentamiento del alimento.
b) Asegurar una temperatura idéntica en todo el recipiente.
c) Evitar que la temperatura se eleve mucho.
d) No tiene ventajas.

85. ¿Cómo se evita que se peguen los alimentos a la plancha?

a) Frotando con un poco de mantequilla.
b) Con un producto químico antiadherente.
c) Mojando la superficie.
d) No se puede evitar.

86. ¿Dónde se coloca el pollo en un asador?

a) En ensartadoras giratorias.
b) En la plancha.

c) En una olla.
d) En una cubeta hermética.

87. ¿Cuál de estas no es una función del horno microondas?

a) Cocinar.
b) Descongelar.
c) Calentar.
d) Conservar.

88. ¿Qué es falso sobre el microondas?

a) Calienta el alimento.
b) No permite funcionar al microondas con la puerta abierta.
c) Esteriliza el género.
d) Puede desecar la superficie de los alimentos si estos no se protegen.

89. ¿Para qué se usa la mesa caliente?

a) Para elaborar platos calientes.
b) Para elaborar platos fríos.
c) Para mantener los platos calientes antes del servicio.
d) Para mantener los platos fríos antes del servicio.

90. ¿Qué es una sartén abatible?

a) Un generador de calor.
b) Un generador de frío.
c) Un utensilio de cocina.
d) Ninguna respuesta es correcta.

91. ¿Con qué fluido funciona el baño María?

a) Con aceite.
b) Con agua.
c) Con gel.
d) Las respuestas a) y b) son correctas.

92. ¿Qué ventajas presenta la cocción al baño María?

a) Evita la deshidratación.
b) Respeta la estructura natural del alimento.
c) Potencia los aromas y sabores.
d) Todas las respuestas son correctas.

93. ¿Cuál de estos utensilios sirve para cortar carne en trozos muy pequeños?

a) Moledora.
b) Picadora.
c) Batidora.
d) Sorbetera.

94. ¿Para qué se utiliza la batidora?

a) Para moler y mezclar.
b) Para trocear.
c) Para crear masas, cremas y salsas.
d) Todas las respuestas son correctas.

95. ¿Qué aparato utilizaría para amasar galletas?

a) Batidora.
b) Amasadora.
c) Moledora.
d) Afinadora.

96. ¿Cómo se mueve la cuchilla de la cortadora de fiambre?

a) Girando.
b) Descendiendo.
c) Deslizando lateralmente.
d) Son fijas, y lo que se mueve es el producto.

97. ¿Qué determina la balanza?

a) El peso.
b) El grosor.
c) La relación entre volumen y peso.
d) La calidad.

98. ¿Para qué se utiliza la mesa de trabajo?

a) Como apoyo.
b) Para trinchar.
c) Para cocinar.
d) Son correctas las respuestas a) y b), entre otras muchas funciones.

99. ¿Para qué se utiliza el medidor de capacidad?

a) Para pesar sólidos.
b) Para medir cantidades de líquidos.

c) Para medir cantidades de gases.

d) Para determinar los kilopondios.

100. ¿Qué características tendrá un cuchillo de cocina?

a) El peso del cuchillo se distribuirá adecuadamente entre la hoja y el mango.

b) Estará bien afilado.

c) Los mangos serán resistentes.

d) Todas las respuestas anteriores son correctas.

101. ¿Qué hilo se utiliza para bridar?

a) Bramante.

b) Seda.

c) Lana.

d) Cordel.

102. ¿Con cuál de estos utensilios se pueden sacar bolas de fruta?

a) Sacabocados.

b) Cucharilla vaciadora.

c) Vaciador de manzanas.

d) Son correctas las respuestas a) y b).

103. Para aplanar una vianda mediante golpes suaves, utilizaremos:

a) La mechadora.

b) La aguja de bridar.

c) La espuela.

d) La espalmadera.

104. ¿Qué es falso sobre el sistema de línea caliente?

a) El alimento pasa por fases de conservación tras su elaboración.

b) El tiempo de espera hasta el servicio debe ser mínimo.

c) Tras la cocción ha de mantenerse en caliente.

d) Las respuestas b) y c) son ciertas.

105. ¿Qué tienen los sistemas de línea caliente y fría en común?

a) Requieren puesta en temperatura del plato antes de su consumo.

b) El alimento se mantiene en conservación por frío.

c) No se dejan los alimentos en temperatura de riesgo.

d) Ambos son sistemas de producción de alimentos sin conservación.

106. ¿Qué es el sistema *cook and chill*?

a) Línea fría refrigerada.
b) Línea fría congelada.
c) Línea caliente.
d) Sistema de vacío.

107. ¿Cuál de estos sistemas no incluye una fase de abatimiento?

a) Línea fría refrigerada.
b) *Sous-vide*.
c) Nacka.
d) Línea caliente.

108. ¿Cuál es el orden correcto en el proceso de línea fría congelada?

a) Cocción – regeneración – congelación rápida – servicio.
b) Cocción – congelación rápida – regeneración – servicio.
c) Congelación rápida – cocción – regeneración – servicio.
d) Congelación rápida – regeneración – cocción – servicio.

109. ¿Qué es *sous-vide*?

a) Cocción al vacío.
b) Línea fría.
c) Línea caliente.
d) Abatimiento.

110. ¿Dónde se implantó el sistema NACKA?

a) En España.
b) En Estados Unidos.
c) En Suecia.
d) En el Reino Unido.

111. ¿En qué consiste el sistema NACKA?

a) En envasado al vacío y tratamiento térmico posterior.
b) En envasado al vacío en frío.
c) En refrigeración al vacío.
d) Es un sistema de congelación.

112. Cuando regeneramos un alimento, nos referimos a:

a) Elevar a temperatura de consumo los alimentos.
b) Modificación de sabor y olor de un alimento.

c) Técnica para la eliminación de microorganismos peligrosos que se pueden encontrar en los alimentos antes de su elaboración.

d) Disminución de temperatura de un alimento para su conservación.

113. ¿Qué son las bandejas gastronorm?

a) Son recipientes de dimensiones estandarizadas.
b) Son bandejas que se pueden introducir en los carros de regeneración.
c) Ambas respuestas son correctas.
d) Ambas respuestas son falsas.

114. En la limpieza de las bandejas, el primer lavado se realiza:

a) Con productos desincrustantes y poder bactericida.
b) Con elementos restauradores.
c) Con elementos anticalcáreos.
d) Con elementos oxigenados.

115. La maquinaria se debe limpiar:

a) Una vez a la semana.
b) Cada quince días.
c) Cada vez que se utilice.
d) Cada mes.

116. Las mesas de trabajo en una cocina se fregarán con:

a) Agua y lejía.
b) Agua jabonosa.
c) Agua limpia con bactericida.
d) Producto desincrustante.

117. ¿Cuál de los siguientes equipos se limpian con detergente antigrasa?

a) Las marmitas y rustideras fijas.
b) Los fregaderos.
c) Los lavamanos.
d) La b) y la c) son correctas.

118. Se entiende por cuerpo de cocina:

a) A las planchas y quemadores.
b) A los soportes para el menaje y bandejas recoge grasas.
c) Al módulo donde se genera el calor por distintas fuentes.
d) Ninguna de las anteriores.

119. ¿Qué es la plonge?

a) Un lavavajillas.
b) Es el lugar donde se lavan las marmitas, sartenes, cazuelas y elementos móviles del resto de equipamiento.
c) Es la zona de lavado de la vajilla.
d) Es la zona de lavado mecánico.

120. ¿Qué materiales se evitarán emplear en los equipos y los utensilios emplea-dos en la manipulación de alimentos?

a) Materiales inalterables.
b) De acero inoxidable.
c) De madera.
d) Resistentes a la corrosión y no tóxicos.

121. ¿Qué afirmación es incorrecta sobre los equipos y utensilios empleados en la manipulación de alimentos?

a) Las zonas de manipulación de alimentos dispondrán de accionamiento no manual, dotados de agua fría y caliente, dosificador de jabón líquido y bactericida y toallas de un solo uso.
b) Se recomiendan las máquinas de secado por aire en las cocinas, por su eficacia y no generar riesgos.
c) La maquinaria auxiliar debe ser desmontable y de superficie lisa para facilitar su limpieza.
d) Los materiales de los fregaderos deben ser resistentes e inalterables.

122. Mientras las bandeja pasan por el tren de lavado, los carros se someterán a un proceso de:

a) Prelavado.
b) Limpieza manual con detergente.
c) Desinfección química.
d) Limpieza automatizada con detergente.

123. ¿Qué elemento en el lavavajilla se emplea para que funcione óptimamente el sistema de descalcificación del agua?

a) Detergente.
b) Abrillantador.
c) Agua caliente.
d) Sal.

124. La limpieza de las cámaras frigoríficas ha de ser:

a) Diaria y una sola vez.
b) Diaria y tantas veces como sea necesario.
c) Cada tres días al menos.
d) Una vez a la semana es suficiente.

125. ¿Qué es incorrecto en la limpieza de marmitas y rustideras fijas?

a) Deben quedar, una vez limpios, en perfecto estado para su próxima utilización.
b) No requiere de un secado posterior a su enjuague de limpieza.
c) Deben ser fregados y limpiados cada vez que se han utilizado.
d) Para su limpieza usar agua con detergente antigrasa, y con abundante agua clara para el enjuague.

126. La limpieza y desinfección de los utensilios empleados en la cocina se realizará como mínimo:

a) Antes y después de cada jornada.
b) Después de cada jornada.
c) Cada dos días.
d) Cada tres días.

127. Las categorías profesionales del personal de la Junta de Castilla y León se clasifican en:

a) Grupos.
b) Equipos.
c) Niveles.
d) Todas son correctas.

128. ¿Qué criterio se utiliza para la agrupación de los profesionales de Castilla y León?

a) Aptitudes profesionales.
b) Titulación.
c) Contenido general de la prestación.
d) Todas las respuestas son correctas.

129. ¿A qué grupo profesional pertenecen los Ayudantes de Cocina de la Junta de Castilla y León?

a) II.
b) III.

c) IV.
d) V.

130. ¿A qué grupo profesional pertenece el Jefe de Cocina de la Junta de Castilla y León?

a) II.
b) III.
c) IV.
d) V.

131. ¿Qué función tiene el Ayudante de Cocina en Castilla y León?

a) Ayudar e incluso sustituir ocasionalmente al cocinero.
b) Las mismas que el cocinero.
c) Elaborar comidas sencillas sin necesidad de recibir instrucciones.
d) Organizar el trabajo en cocina.

132. ¿Cuál es función del Ayudante de Cocina?

a) Limpieza y mantenimiento de las dependencias y elementos propios de la cocina.
b) Limpieza de maquinaria e instalaciones fijas.
c) Limpieza de marmitas, sartenes y otros utensilios.
d) Todas las respuestas son correctas.

Solución al test n.º 1

1. d) Todas las respuestas son correctas.

2. d) Todas las respuestas son correctas.

3. c) Puede ser propio o ajeno.

4. a) El proceso de emplatado irá en una sola dirección y no retrocederá en ningún momento.

5. b) Unidad de producción interna y provisión externa.

6. d) Todas las respuestas son correctas.

7. b) Las tuberías y conductos de aire estarán a la vista, para evitar la acumulación de suciedad.

8. c) Se elimina la manipulación de los alimentos en los offices.

9. c) Rejillas de malla adecuadas para evitar el paso de insectos.

10. a) Deberán ser redondeados.

11. a) Deberá estar provisto de desagües con los dispositivos adecuados (sifones, rejillas, etc.).

12. a) El principio de marcha adelante.

13. d) Todas las respuestas son correctas.

14. c) Las opciones b) y c) son correctas.

15. b) Materiales porosos.

16. d) Todas son correctas.

17. a) Zonas de lavado.

18. d) Las respuestas a) y b) son correctas.

19. d) Todas las respuestas son correctas.

20. c) En la cocina nunca se establecen diferentes circuitos.

21. a) Secciones de cocina donde se realizan distintas tareas.

22. d) Son correctas las respuestas a) y b).

23. c) Limpieza y fraccionamiento de pescados.

24. a) La ubicación de entrada y salida.

25. b) Tras la sección de elaboración.

26. c) 500 lux.

27. a) Permite la concentración de los recursos para optimizar los resultados.

28. b) La comida se lleva elaborada al Centro para su distribución.

29. b) Sí, la explotación de la cocina corresponde al personal del centro, pero la provisión de materia prima no.

30. d) Todas las anteriores.

31. c) Utilizando sistemas de transporte adecuados (carros y vehículos).

32. b) Que permitan el acceso para su limpieza.

33. c) Hacia la zona sucia.

34. d) Todas las respuestas son correctas.

35. b) Tendrán termómetro interno y externo con lectura interna.

36. d) Todas las respuestas son correctas.

37. c) Actividades que generan contaminación.

38. a) El acondicionamiento de la materia prima constituye un circuito sucio que no debe tener cruces con el circuito limpio.

39. b) Limpio.

40. b) Desde la zona de generación hasta la zona de evacuación.

41. c) Separar ambas operaciones en el tiempo.

42. a) El desarrollo y encadenamiento de todos los procesos y transformaciones por los que pasa el alimento desde la producción primaria hasta su distribución, venta y consumo como producto final.

43. b) Los procesos de producción de comida, conservación, emplatado y distribución se llevan a cabo en las instalaciones de cocina del centro.

44. b) Cuarto frío.

45. d) Son ciertas a) y c).

46. d) En U.

47. c) En L.

48. d) Se atenderá atendiendo a todos los anteriores principios.

49. a) Se evitarán las contaminaciones cruzadas.

50. d) Los flujos de aire irán desde las "zonas sucias" a las "zonas limpias".

51. d) Todas las anteriores tienen esa utilidad.

52. d) Las respuestas a) y b) son correctas.

53. b) Para elaborar fondos.

54. a) De 2 a 6 litros.

55. d) Rustidera.

56. a) Pudding.

57. a) La masa fermenta dentro.

58. a) Saltear, rehogar y estofar géneros.

59. d) Todas son correctas.

60. a) Se usa para mantener calientes ciertas elaboraciones.

61. b) Para homogeneizar el grosor de ciertos alimentos como la harina.

62. b) La maquinaria ha de estar debidamente aislada para evitar toda pérdida de energía.

63. b) Con una válvula de seguridad.

64. c) La placa de inducción permanece fría al retirar el recipiente.

65. a) Absorber los vapores y gases desprendidos en la cocción.

66. c) Todos los anteriores (ver apartado 1.2.2.).

67. d) Las respuestas a) y b) son correctas.

68. a) Solo transmiten calor cuando entran en contacto con el recipiente.

69. d) Todas las respuestas anteriores son correctas.

70. c) Las respuestas a) y b) son correctas.

71. d) Ninguna respuesta de las anteriores es correcta.

72. d) Todas las respuestas son correctas.

73. c) Bajar la temperatura del alimento.

74. b) Cámara de congelación.

75. d) Son ciertas las respuestas a) y b).

76. a) Son mesas de trabajo de acero inoxidable y en su parte inferior tiene instalado un sistema frigorífico.

77. d) Todas las respuestas son correctas.

78. a) Por batido y enfriamiento.

79. c) Una gratinadora.

80. d) Todas las respuestas son ciertas.

81. a) Ondas electromagnéticas.

82. a) No meter nunca recipientes metálicos.

83. b) El vapor sale por la válvula.

84. b) Asegurar una temperatura idéntica en todo el recipiente.

85. a) Frotando con un poco de mantequilla.

86. a) En ensartadoras giratorias.

87. d) Conservar.

88. c) Esteriliza el género.

89. c) Para mantener los platos calientes antes del servicio.

90. a) Un generador de calor.

91. b) Con agua.

92. d) Todas las respuestas son correctas.

93. b) Picadora.

94. c) Para crear masas, cremas y salsas.

95. b) Amasadora.

96. a) Girando.

97. a) El peso.

98. d) Son correctas las respuestas a) y b), entre otras muchas funciones.

99. b) Para medir cantidades de líquidos.

100. d) Todas las respuestas anteriores son correctas.

101. a) Bramante.

102. d) Son correctas las respuestas a) y b).

103. d) La espalmadera.

104. a) El alimento pasa por fases de conservación tras su elaboración.

105. c) No se dejan los alimentos en temperatura de riesgo.

106. a) Línea fría refrigerada.

107. d) Línea caliente.

108. b) Cocción – congelación rápida – regeneración – servicio.

109. a) Cocción al vacío.

110. c) En Suecia.

111. a) En envasado al vacío y tratamiento térmico posterior.

112. a) Elevar a temperatura de consumo los alimentos.

113. c) Ambas respuestas son correctas.

114. a) Con productos desincrustantes y poder bactericida.

115. c) Cada vez que se utilice.

116. b) Agua jabonosa.

117. a) Las marmitas y rustideras fijas.

118. c) Al módulo donde se genera el calor por distintas fuentes.

119. b) Es el lugar donde se lavan las marmitas, sartenes, cazuelas y elementos móviles del resto de equipamiento.

120. c) De madera.

121. b) Se recomiendan las máquinas de secado por aire en las cocinas, por su eficacia y no generar riesgos.

122. c) Desinfección química.

123. d) Sal.

124. b) Diaria y tantas veces como sea necesario.

125. b) No requiere de un secado posterior a su enjuague de limpieza.

126. b) Después de cada jornada

127. a) Grupos.

128. d) Todas las respuestas son correctas.

129. c) IV.

130. b) III.

131. a) Ayudar e incluso sustituir ocasionalmente al cocinero.

132. d) Todas las respuestas son correctas.

TEST N.º 2

Recepción y almacenamiento de materias primas y productos. Controles y registros

1. ¿Qué es el aprovisionamiento de mercancía?

a) Abastecimiento de lo necesario.
b) Acumulación de existencias.
c) Provisión de materiales sin criterio de necesidad.
d) Previsión de necesidades.

2. ¿Cómo se denominan los materiales de consumo habitual, sujetos a todas las operaciones de gestión de almacén?

a) Inventariables.
b) No inventariables.
c) Almacenables.
d) No almacenables.

3. ¿Cuáles son los materiales inventariables?

a) Fungibles.
b) No fungibles.
c) Los que se agotan o consumen con el uso.
d) No almacenables.

4. ¿Dentro de qué grupo de suministros entran los víveres?

a) Fungibles.
b) No inventariables.
c) Inventariables.
d) Son válidas las respuestas a) y b).

5. ¿En qué consiste la gestión de aprovisionamiento?

a) En abastecer al centro de los productos o materiales necesarios para su actividad normal, y realizar las acciones adecuadas para que no falten, ni se acumulen en exceso.

b) En abastecer al centro de los productos o materiales necesarios para su actividad normal, acumulando en almacén para que no falten.

c) En realizar la compra de los que se van a necesitar diariamente.

d) Es el control económico del gasto en cocina.

6. ¿Cuáles son las fases de la gestión de aprovisionamiento, por orden de realización?

a) Planificación de necesidades, almacenamiento, control de inventario y compra.

b) Planificación de necesidades, control de inventario, compra y almacenamiento.

c) Planificación de necesidades, compra, almacenamiento y control de inventarios.

d) Control de inventario, compra, almacenamiento y planificación de necesidades.

7. ¿Cuál de estos factores influye en la previsión de necesidades?

a) Sistema de producción utilizado en cocina.

b) *Stock* en almacén.

c) Duración de los productos.

d) Todas las respuestas son ciertas.

8. ¿Cómo se establece la frecuencia de compra?

a) Por revisión continua.

b) Por revisión periódica.

c) Por revisión perfecta.

d) Por cualquiera de los sistemas anteriores.

9. Cuando los pedidos se hacen con una periodicidad que varía en función del ritmo de consumo de cada artículo, ¿qué sistema se está utilizando?

a) Sistema de revisión continua.

b) Sistema de revisión periódica.

c) Sistema de revisión perfecto.

d) Sistema de periodicidad continua.

10. ¿Cuál de estas cualidades no se comprobará al recepcionar alimentos?

a) Los embalajes.

b) Los envases y las etiquetas.

c) El sabor de los alimentos recibidos.

d) La calidad de la materia prima.

11. ¿Qué comprobación se hará respecto a los envases?

a) Que estén intactos.
b) Que no presenten deterioros.
c) Que no estén alterados.
d) Todas las respuestas son correctas.

12. ¿Qué condiciones de transporte tendrá la carne fresca servida en canales?

a) Vehículos cerrados e impermeabilizados.
b) Productos en contacto con suelo y paredes del vehículo.
c) Envasadas.
d) Todas las respuestas son correctas.

13. ¿Qué utilidad tiene el albarán?

a) Comprobante de la mercancía entregada para el comprador.
b) Justificante de entrega para el vendedor.
c) Justificante de pago.
d) Son correctas las respuestas a) y b).

14. ¿En qué consiste el registro documental de mercancías?

a) Archivar copia de documentos.
b) Asignación de un lugar para el almacenamiento de los productos.
c) Introducir los datos informáticos para su tratamiento.
d) Son correctas las respuestas a) y c).

15. ¿Qué es el pedido?

a) El listado de materias primas y productos solicitados.
b) La solicitud a cocina de los menús necesarios.
c) Un documento emitido por el proveedor.
d) Ninguna respuesta es correcta.

16. Si se piden 10 kg de azúcar, ¿de qué unidad se trata?

a) Unidad de almacenaje.
b) Unidad de entrega.
c) Unidad de compra.
d) Todas las respuestas son correctas.

17. Si se pide un saco de patatas, ¿de qué unidad se trata?

a) Unidad de almacenaje.
b) Unidad de entrega.

c) Unidad de compra.
d) Todas las respuestas son correctas.

18. Si se pide un palé de mercancía, ¿de qué unidad se trata?

a) De unidad de almacenaje.
b) De unidad de entrega.
c) De unidad de compra.
d) Todas las respuestas son correctas.

19. ¿En qué consiste el pedido programado?

a) El pedido se realiza en cualquier momento.
b) Se establece una periodicidad en la realización de pedidos.
c) Los pedidos se realizan cuando se llega al *stock* de seguridad.
d) Los pedidos se realizan cuando la mercancía falta.

20. ¿Qué condiciones de almacenamiento cumplirán las pilas o lotes de productos?

a) Se colocarán separados del techo.
b) Se colocarán juntos unos con otros.
c) Se colocarán pegados a las paredes laterales.
d) Todas las respuestas son correctas.

21. ¿Qué está prohibido en el almacenamiento de productos alimenticios?

a) Su almacenamiento junto a productos aptos para consumo.
b) Su almacenamiento junto a productos tóxicos.
c) Su correcto etiquetado.
d) Todas las respuestas son ciertas.

22. ¿Cuál es la temperatura de almacenamiento adecuado para cada uno de los alimentos?

a) 3 ºC.
b) 18 ºC.
c) Aquella a la que no sufran alteraciones.
d) Son correctas las respuestas b) y c).

23. ¿Qué características tendrán las máquinas que entran en contacto con los alimentos?

a) Transmitirán al producto propiedades nocivas.
b) Las partes metálicas irán revestidas por capas anticorrosión.

c) Las válvulas serán susceptibles de modificar sustancialmente las características de los alimentos.

d) Todas las respuestas son correctas.

24. ¿Qué son alimentos no perecederos?

a) Los que no se estropean nunca.

b) Los que se almacenan en sacos.

c) Aquellos que con una manipulación correcta no van a sufrir alteraciones.

d) Los deshidratados.

25. ¿En qué consiste la rotación periódica de los alimentos?

a) En poner los últimos productos adquiridos o los de fecha más alejada en lugares menos accesibles.

b) En poner los últimos productos adquiridos o los de fecha más cercana en lugares más accesibles.

c) En cambiar de ubicación los productos.

d) Ninguna respuesta es correcta.

26. ¿Qué objetivo tiene la rotación?

a) Consumir en primer lugar los que lleven menos tiempo almacenados.

b) Consumir en último lugar los que lleven más tiempo almacenados.

c) Asegurar que se consumirán primero los que pueden estropearse antes.

d) Son correctas las respuestas a) y b).

27. ¿Qué tipo de producto es una lata de anchoas?

a) Semiconserva.

b) No perecedero.

c) Conserva.

d) Fresco.

28. ¿Qué diferencia hay entre las conservas y las semiconservas?

a) Las semiconservas necesitan frío y las conservas no.

b) Las conservas necesitan frío y las semiconservas no.

c) Las semiconservas duran más tiempo que las conservas.

d) Son correctas las respuestas a) y c).

29. ¿Qué tipo de producto es la mantequilla?

a) Semiconserva.

b) No perecedero.

c) Conserva.
d) Fresco.

30. ¿Qué alimento de los siguientes tiene menor vida útil?

a) Fresco.
b) Semiperecederos.
c) Semiconserva.
d) Refrigerados.

31. ¿Por qué no se deben meter las cajas de los proveedores en el refrigerador?

a) Porque ocupan mucho espacio.
b) Porque se pueden contaminar.
c) Porque pueden contener microorganismos.
d) Por que habría que comprarlas.

32. ¿A qué temperatura se almacenan los productos cocinados congelados?

a) A 18 ºC.
b) A –18 ºC.
c) A 5 ºC.
d) A 0 ºC.

33. ¿Qué práctica está prohibida en almacén?

a) Emplear productos de limpieza.
b) Barrer en seco.
c) Barrer en húmedo.
d) Todas las respuestas son falsas.

34. ¿Qué se hará con los productos almacenados que tengan muestras de contaminación o deterioro?

a) Se retirarán las partes afectadas antes de su almacenamiento.
b) Se destinarán al consumo humano.
c) Serán retiradas.
d) Todas las respuestas son correctas.

35. ¿Cómo será la humedad de los almacenes de alimentos?

a) Elevada para evitar la desecación.
b) Baja para evitar la proliferación de hongos.
c) Homogénea y constante en todos los almacenes.
d) Depende del tipo de alimento almacenado.

36. ¿Qué es falso sobre las conservas?

a) Son productos enlatados y esterilizados.
b) Es necesario mantenerlos en frío.
c) Se almacena en lugar seco y bien ventilado.
d) Duran mucho tiempo.

37. ¿Qué es lo que no se hará en el almacenamiento de frescos?

a) Dejar los alimentos sobre el suelo.
b) Meter las cajas del proveedor en el refrigerador.
c) Sobrecargar la cámara.
d) Todas las respuestas son ciertas.

38. ¿Qué objetivo tiene establecer un sistema de rotación de la mercancía?

a) Facilitar el acceso a la mercancía más reciente.
b) Evitar que los productos se estropeen por mantenerlos por un tiempo demasiado largo.
c) Proteger los alimentos de la contaminación.
d) Todas las respuestas son correctas.

39. ¿Qué es la rotura de *stock*?

a) El deterioro de la mercancía.
b) La ausencia total de mercancía por agotamiento.
c) La acumulación de determinados artículos.
d) La falta de determinados artículos.

40. ¿En qué consiste el método LIFO?

a) Lo último en entrar es lo primero en salir.
b) Lo primero que sale será la mercancía que más tiempo lleva.
c) Lo primero que sale será lo caducado.
d) Todas son correctas.

41. ¿Cómo se denomina el método en que "lo primero que entra es lo primero que sale"?

a) FIFO.
b) LIFO.
c) FILO.
d) FLIFO.

42. ¿Cómo se determina el índice de rotación?

a) Midiendo la frecuencia de salida de un producto.
b) Contando el número de veces que se renueva un artículo en el almacén.
c) Dividiendo el número de artículos que salen, por el *stock* medio.
d) Todas las respuestas son correctas.

43. ¿Qué es el índice de obsolescencia?

a) La relación entre el número de entradas de un artículo, y la rotación del mismo.
b) Las veces que se renueva un artículo.
c) Un ratio de control en la gestión de almacén.
d) Son correctas las respuestas a) y c).

44. ¿Qué es un albarán?

a) El documento en el que aparece el precio de la mercancía entregada.
b) El documento justificante de la recepción de un producto.
c) Es un documento interno que emite el departamento que solicita determinada mercancía al almacén.
d) El documento que registra las existencias en almacén.

45. El stock de seguridad:

a) Es el que viene determinado por la capacidad de almacenaje.
b) Es el stock previsto para demandas inesperadas o retrasos en las entregas de los proveedores.
c) Indica el punto de consumo de existencias en el que es necesario reponerlas.
d) Todas son correctas.

46. ¿Qué norma de las siguientes regula los alimentos ultracongelados destinados a la alimentación humana?

a) Real Decreto 3484/2000, de 29 de diciembre.
b) Real Decreto 126/2015, de 27 de febrero.
c) Real Decreto 1109/1991, de 12 de julio.
d) Real Decreto 1245/2008, de 18 de julio.

47. La temperatura de los alimentos ultracongelados deberá ser estable y mantenerse en todas las partes del producto a una temperatura de:

a) −18 ºC o menos.
b) −15 ºC o menos.
c) −12 ºC o menos.
d) −10 ºC o menos.

48. ¿Qué criterio sigue el método FEFO en almacén?

a) Consumir primero lo que se adquirió en último lugar.
b) Consumir primero lo que se adquirió en primer lugar.
c) Consumir primero lo que está más próximo a caducar.
d) Este método no existe.

49. ¿Cómo se colocarán los alimentos cuando solo se dispone de una cámara?

a) Las verduras arriba.
b) En la parte más baja los platos preparados.
c) Los platos elaborados arriba y los crudos más abajo.
d) Las carnes en la parte más alta.

50. ¿Cuál de los siguientes alimentos no necesita refrigeración?

a) La mermelada, que es una conserva de fruta.
b) El beicon, que es una conserva de carne.
c) El salmón ahumado, que es una conserva de pescado.
d) Cualquier semiconserva.

51. ¿En cuál de los siguientes casos se desechará una lata de conserva?

a) Cuando esté abollada u oxidada.
b) Cuando el contenido presente un olor no característico.
c) Cuando el contenido esté más blando de lo normal.
d) Cuando presente alguno de los anteriores problemas.

52. ¿Cómo se debe evitar que se rompa la cadena del frío?

a) Evitando comprar alimentos congelados.
b) Cargando al máximo los congeladores.
c) Abriendo las puertas el tiempo mínimo imprescindible.
d) Protegiendo los alimentos con aluminio o plásticos autorizados para alimentos.

53. ¿Qué hay que tener en cuenta a la hora de almacenar alimentos?

a) Se deben colocar en pilas altas, aprovechando al máximo el espacio disponible.
b) Se rotarán periódicamente.
c) Las condiciones de temperatura y humedad serán siempre las mismas, independientemente del producto que se almacene.
d) No es necesario que los productos estén etiquetados para su almacenamiento, pero sí para su venta.

54. ¿En qué consiste la rotación de los productos almacenados?

a) En mover las cajas para que no se acumule polvo sobre ellos.

b) En colocar delante los productos que se van adquiriendo, para consumirlos antes.

c) En colocar en primer lugar los productos que ya estaban almacenados, y que tendrán fecha de caducidad más próxima, de manera que se consuman antes.

d) En cambiar de cámara los productos frescos, para que no generen olor.

55. ¿Cuál de los siguientes productos es semiperecedero?

a) Jamón cocido.

b) Carne fresca.

c) Yogures.

d) Fruta.

56. ¿Qué es falso sobre la zona de almacenamiento de alimentos?

a) Estará siempre a 15ºC.

b) Cada almacén tendrá la temperatura y humedad adecuada.

c) Para evitar la fluctuación de las condiciones ambientales del almacén, es conveniente disponer de un almacén de día, que contendrá los productos de uso inmediato para las elaboraciones de ese día.

d) Las cámaras dispondrán siempre de puertas con sistema de apertura interior.

Solución al test n.º 2

1. a) Abastecimiento de lo necesario.

2. c) Almacenables.

3. b) No fungibles.

4. d) Son válidas las respuestas a) y b).

5. a) En abastecer al centro de los productos o materiales necesarios para su actividad normal, y realizar las acciones adecuadas para que no falten, ni se acumulen en exceso.

6. c) Planificación de necesidades, compra, almacenamiento y control de inventarios.

7. d) Todas las respuestas son ciertas.

8. d) Por cualquiera de los sistemas anteriores.

9. c) Sistema de revisión perfecto.

10. c) El sabor de los alimentos recibidos.

11. d) Todas las respuestas son correctas.

12. a) Vehículos cerrados e impermeabilizados.

13. d) Son correctas las respuestas a) y b).

14. d) Son correctas las respuestas a) y c).

15. a) El listado de materias primas y productos solicitados.

16. c) Unidad de compra.

17. b) Unidad de entrega.

18. a) Unidad de almacenaje.

19. b) Se establece una periodicidad en la realización de pedidos.

20. a) Se colocarán separados del techo.

21. b) Su almacenamiento junto a productos tóxicos.

22. c) Aquella a la que no sufran alteraciones.

23. b) Las partes metálicas irán revestidas por capas anticorrosión.

24. c) Aquellos que con una manipulación correcta no van a sufrir alteraciones.

25. a) En poner los últimos productos adquiridos o los de fecha más alejada en lugares menos accesibles.

26. c) Asegurar que se consumirán primero los que pueden estropearse antes.

27. a) Semiconserva.

28. a) Las semiconservas necesitan frio y las conservas no.

29. d) Fresco.

30. a) Fresco.

31. c) Porque pueden contener microorganismos.

32. b) A −18 ºC.

33. b) Barrer en seco.

34. c) Serán retiradas.

35. d) Depende del tipo de alimento almacenado.

36. b) Es necesario mantenerlos en frío.

37. d) Todas las respuestas son ciertas.

38. b) Evitar que los productos se estropeen por mantenerlos por un tiempo demasiado largo.

39. d) La falta de determinados artículos.

40. a) Lo último en entrar es lo primero en salir.

41. a) FIFO.

42. d) Todas las respuestas son correctas.

43. d) Son correctas las respuestas a) y c).

44. b) El documento justificante de la recepción de un producto.

45. b) Es el *stock* previsto para demandas inesperadas o retrasos en las entregas de los proveedores.

46. c) Real Decreto 1109/1991, de 12 de julio.

47. a) –18 ºC o menos.

48. c) Consumir primero lo que está más próximo a caducar.

49. c) Los platos elaborados arriba y los crudos más abajo.

50. a) La mermelada, que es una conserva de fruta.

51. d) Cuando presente alguno de los anteriores problemas.

52. c) Abriendo las puertas el tiempo mínimo imprescindible.

53. b) Se rotarán periódicamente.

54. c) En colocar en primer lugar los productos que ya estaban almacenados, y que tendrán fecha de caducidad más próxima, de manera que se consuman antes.

55. a) Jamón cocido.

56. a) Estará siempre a 15ºC.

TEST N.º 3

Técnicas de cocina. Descripción y clasificación. El lenguaje y vocabulario de la cocina y sus elaboraciones

1. ¿Cuál de las siguientes afirmaciones acerca de la cocción al vacío es falsa?

a) Al evitar el contacto con el oxígeno, se previene la oxidación del alimento y su modificación de sabor.
b) El alimento se envasa al vacío tras su cocción.
c) La temperatura disminuirá hasta -10 ºC en un abatidor de temperatura.
d) Se utilizan envases que cierran herméticamente, y de material adecuado.

2. ¿Qué es un abatidor de temperatura?

a) Un sistema de enfriamiento mecánico o criogénico hace que la temperatura del alimento disminuya desde los 65 – 70 ºC que alcanza, tras la cocción, hasta un máximo de 10 ºC.
b) Sistema que utiliza aire caliente con o sin vapor a baja presión.
c) Es un carro con un sistema de regeneración integrado que posibilita el transporte de emplatados y el servicio de platos calientes y fríos.
d) Ninguna de las respuestas es correcta.

3. La cadena fría:

a) Ayuda a solucionar la falta de personal durante las noches y/o los fines semana.
b) No existe.
c) Está en experimentación.
d) Es un elemento que existe en las bicicletas.

4. ¿Qué desventaja presenta la producción en cadena caliente?

a) El ritmo de trabajo se intensifica a determinadas horas, previas a las comidas.
b) Se puede improvisar el menú.
c) Utiliza la maquinaria normal de una cocina industrial.
d) Todas las respuestas son correctas.

5. ¿Cuál no es una ventaja de la cadena fría refrigerada?

a) Se optimiza el aprovechamiento de los medios humanos y técnicos.
b) Se elaboran los menús con antelación.
c) Se alarga la vida media de los alimentos de forma considerable, incluso hasta meses.
d) Todas son correctas.

6. ¿En qué consiste el sistema de producción en cadena caliente?

a) Poner el alimento en temperatura adecuada justo antes de su consumo.
b) Elaborar los platos en el momento en que van a ser consumidos.
c) Elaborar platos calientes y conservarlos en refrigeración hasta su consumo.
d) Todas las respuestas son correctas.

7. ¿Qué temperatura debe alcanzar el centro de un alimento para asegurar su cocción completa?

a) 50 ºC.
b) 10 ºC.
c) 70 ºC.
d) 100 ºC.

8. ¿A qué temperatura se deben mantener los alimentos refrigerados?

a) Entre 0 y 3 ºC.
b) –18 ºC.
c) Entre 65 y 70 ºC.
d) Ninguna respuesta es correcta.

9. ¿Qué ventajas tiene la cadena fría refrigerada?

a) Al producirse con antelación, se pueden llevar a cabo programas de control de calidad.
b) Se optimiza la utilización de los recursos.
c) La regeneración es más rápida que la descongelación.
d) Todas las respuestas son correctas.

10. ¿Cuál es el sistema de regeneración más utilizado en la cocina centralizada?

a) Horno microondas.
b) Horno de convección.
c) Horno multiporciones.
d) Carro de regeneración.

11. ¿Cómo funciona el horno de convección-vapor?

a) Por aire caliente.
b) Por aplicación de calor directo.
c) Por radiación.
d) Por aumento de presión.

12. ¿Qué alimento para su cocción en fritura es sin protección?

a) Huevo frito.
b) Calamares a la romana.
c) Pollo empanado.
d) Pescado enharinado.

13. ¿Qué efecto tiene el escaldado de las frutas?

a) Inactivación de las enzimas.
b) Endurecimiento de la piel.
c) Conservación por largos periodos de tiempo.
d) Todas las respuestas son correctas.

14. ¿Qué es la tempura?

a) Es una fritura de pescados pequeños. También se denomina "fritura a la Andaluza".
b) Es una fritura rápida japonesa, en especial para los mariscos y verduras.
c) Es una guarnición compuesta de zanahorias glaseadas, tocino cortado en dados, salteado y dados de patata frita.
d) Es una ensalda compuesta de patatas cocidas en rodajas, judías verdes cocidas, tomates en rodajas, alcaparras, aceitunas y filetes de anchoas.

15. ¿La cocción al vapor con alta presión se realiza a una temperatura de hasta

a) 50º C.
b) 80º C.
c) 100º C.
d) 120º C.

16. ¿Qué tipo de fritura es el empanado?

a) Con protección.
b) Sin protección.
c) Es una fritura rápida japonesa.
d) Ninguna es correcta.

17. ¿Qué alimento para su cocción en fritura es sin protección?

a) Huevo frito.
b) Calamares a la romana.
c) Pollo empanado.
d) Pescado enharinado.

18. En el asado al horno con verduras la temperatura de cocción rondará:

a) Los 150 ºC.
b) Los 280 ºC.
c) Los 200 ºC.
d) Los 250 ºC.

19. ¿Qué método de cocción consiste en la aplicación a un género cocinado de su mismo jugo o salsa para que con la acción del calor sobre esta se consiga un bonito color brillante?

a) Estofado.
b) Gratinado.
c) Salteado.
d) Glaseado.

20. Aquello que se le hace al tomate para pelarlo con eficiencia, sumergiéndolo un breve espacio de tiempo en agua hirviendo se llama:

a) Escalfado.
b) Baño maría.
c) Escaldado.
d) Papillot.

21. ¿En qué se basa la cocina 45?

a) Uso de materias primas frescas.
b) Uso de productos de 4.ª y 5.ª gama.
c) Uso de productos de 3.ª gama.
d) Uso de cadena fría congelada.

22. ¿Qué es espalmar?

a) Echar caldo hirviendo sobre pan, con el fin de hacer sopa.
b) Obtener fruta con azúcar cristalizada.
c) Recubrir un molde por el interior.
d) Adelgazar un género mediante golpes suaves.

23. ¿Qué es acanalar?

a) Dar forma de pelota de rugby a los tubérculos.
b) Cortar en dados.
c) Dar forma de cestitas para rellenar.
d) Decorar una verdura tallando su piel en tiras.

24. ¿Cómo se denomina la acción de incorporar leche a una masa o salsa?

a) Aderezar.
b) Ablactar.
c) Enlechar.
d) Albardar.

25. ¿Qué es albardar?

a) Recubrir con una lámina fina de tocino determinadas carnes y aves con poca grasa, para que resulten más jugosas y no se sequen al cocinarlas.
b) Hacer canales o estrías a las naranjas.
c) Aliñar o condimentar.
d) Cortar en rodajas una verdura.

26. ¿Qué es bridar una pieza de carne?

a) Atar con un hilo para que no se deforme durante la cocción.
b) Cortar en filetes finos.
c) Asar al horno de leña.
d) Ninguna respuesta es correcta.

27. ¿Qué es empanar?

a) Recubrir un alimento con harina antes de freírlo.
b) Recubrir un alimento con pan rallado antes de freírlo.
c) Meter un alimento entre dos porciones de pan antes de comerlo.
d) Servir un alimento en el plato.

28. ¿Cómo se denomina la acción de cocinar un género a fuego lento en una pequeña cantidad de materia grasa?

a) Refreír.
b) Rehogar.
c) Gratinar.
d) Empanar.

29. ¿Cómo se denomina la acción de recubrir completamente un preparado con una salsa lo suficientemente espesa?

a) Napar.
b) Salsear.
c) Espesar.
d) Encamisar.

30. ¿Qué es mechar?

a) Cortar la carne asada en filetes muy finos para servir con salsa.
b) Cocer la carne en un utensilio con una mecha de alcohol.
c) Introducir en la carne cruda tiras de panceta, zanahorias, trufas, etc.
d) Cortar las verduras para menestra.

31. Risolar en cocina, se refiere a:

a) Poner en salmuera un género crudo para su conservación.
b) Dorar un género a fuego vivo, con grasa, que resultará totalmente cocinado.
c) Añadir condimentos a un género para darle olor o sabor.
d) Regar un preparado que se está cocinando, con un líquido.

32. Acaramelar es:

a) Sazonar.
b) Dar brillo con jalea (zumo de frutas con azúcar) gelatina o grasa a un preparado.
c) Hacer pequeños surcos en la piel de algunas frutas o verduras con el fin de embellecerlas.
d) Bañar o cubrir con caramelo un preparado.

33. Poner jugo de limón o vinagre al agua para cocinar algunos platos es:

a) Albardar.
b) Acidular.
c) Acaramelar.
d) Sazonar.

34. Culinariamente, emborrachar un alimento significa:

a) Empapar un postre con almíbar, vino o licor.
b) Marearlo en una sartén hasta que esté hecho.
c) Hervirlo en alcohol.
d) Todas las respuestas son correctas.

35. Sumergir en agua hirviendo un género, manteniéndolo poco tiempo, se corresponde con la definición de:

a) Empanar.
b) Emborrachar.
c) Cocer.
d) Escaldar.

36. Una guarnición de tomate picado gruesamente sin piel ni pepitas y rehogado es:

a) Una concasse.
b) Una cocotera.
c) Una chiffonada.
d) Todas son correctas.

37. Glasear es:

a) Coagular por medio de temperaturas de "menos cero" una mezcla de repostería llamada helado.
b) Tostar la superficie de un género en un horno fuerte, salamandra o gratinador.
c) Cubrir un preparado de pastelería con azúcar fondant, mermelada, azúcar glass.
d) Presionar con el rodillo, dándole movimiento de rotación de atrás hacia delante, sobre una pasta, para adelgazarla.

38. ¿Cuál de las siguientes afirmaciones es cierta, en relación con el corte en juliana?

a) No existe dicho corte en los trabajos de cocina.
b) Es un corte en láminas redondas y de gran espesor.
c) Forma de cortar en tiras de 3 a 5 centímetros de largo por 1 a 3 milímetros de grueso.
d) Ninguna de las respuestas es correcta.

39. Macerar significa:

a) Añadir a un preparado un elemento de ligazón para espesarlo. Mezclar diversos ingredientes formando una única masa o género.
b) Espolvorear con azúcar glass, también llamado azúcar lustra, un preparado dulce.
c) Poner a remojar en vino, licor o aguardiente, etc., alimentos muy diversos (frutas, carnes), con el fin de que adquieran parte de su sabor.
d) Poner géneros en compañía de vino, hortalizas y hierbas aromáticas, para ablandarlos aromatizarlos y conservarlos.

40. Dejar envejecer una carne para que se ablande, desde un punto de vista culinario, se denomina:

a) Macerar.
b) Sazonar.

c) Mortificar.
d) Pochar.

41. Rebozar consiste en:

a) Cubrir un género de una ligera capa de harina y otra posteriormente de huevo batido, antes de freírlo.
b) Quitar la cáscara superficial de ciertos alimentos.
c) Desmenuzar un género por medio de la máquina ralladora o rallador manual.
d) Ninguna de las anteriores respuestas es correcta.

42. ¿Con qué término italiano se designa la textura de la pasta cocida cuando presenta firmeza al ser mordida, no muy blanda por fuera y poco hecha en su interior?

a) Risotto.
b) Al dente.
c) Carpaccio.
d) Todas son correctas.

43. Añadir un líquido (agua, vino, vinagre) al utensilio donde se ha elaborado un ave, un pescado o una carne, para recuperar la grasa o jugos depositados y caramelizados, se denomina:

a) Caramelizar.
b) Sazonar.
c) Desglasar.
d) Abrasar.

44. ¿Cuál de los siguientes términos es sinónimo de tostar?

a) Rustir.
b) Soflar.
c) Sufratar.
d) Ninguno de las anteriores.

45. El fricasé es:

a) Hielo al que se ha golpeado para picarlo. Bebida que se enfría en hielo picado. Acción de incorporar hielo picado.
b) Surtido de fritos; también puede estar compuesto por una sola especie, como es el caso de la fritada de pimientos que, como dice la palabra, sólo contiene pimientos. A la fritada de verduras se le conoce como pisto o ratatuille.
c) Generalmente carne cortada en pequeños filetitos para una elaboración posterior. Setas cortadas a tiras.
d) Producto comestible natural, que generalmente se consume sin ningún tipo de elaboración.

46. ¿Cómo se denomina gallina alimentada especialmente para el engorde, cuya edad para el sacrificio no ha de ser superior a 8 meses?

a) Pularda.
b) Popietas.
c) Purrusalda.
d) Pipirrana.

47. La técnica de cocinado que se realiza en gran cantidad de grasa a fuego lento sin que esta llegue a ebullición, se denomina:

a) Escalfar.
b) Pochar.
c) Bresear.
d) Confitar.

48. Para pelar tomates, previamente se procede a su:

a) Escaldado.
b) Escalfado.
c) Hervido.
d) Cocción.

49. ¿Qué es, en términos culinarios "clavetear"?

a) Con este término se describe la consistencia de una mezcla de huevo y azúcar batida hasta que esté extremadamente espesa.
b) Incrustar clavos de olor, normalmente en una cebolla u otros géneros.
c) Cortar en trozos pequeños una pieza gruesa de carne.
d) Transformar, por la acción del calor, el gusto y propiedades de un género.

50. ¿Qué es una farsa?

a) Un relleno para hojaldres, terrinas, pescados, crustáceos, piezas de carne o verduras, muy bien picados o molidos, y condimentados.
b) Una proteína que se encuentra en la harina y que aporta elasticidad.
c) Un extracto que se consigue al cocer moluscos y crustáceos, pescado, carne o verduras. Sirve como base para las salsas y sopas.
d) Un caldo aromatizado que se prepara generalmente con las espinas del pescado, habitualmente blanco.

51. ¿Cómo se denomina a la sustancia grasa, blanca o amarillenta situada en la columna vertebral y en el interior de los huesos?

a) Médula.
b) Costilla.

c) Ossobuco.
d) Tocino.

52. ¿Qué es gratinar?

a) Freír ajos, cebollas y otros ingredientes antes de añadirlos a una elaboración compleja.
b) Cocinar a fuego lento con poco aceite.
c) Dorar al horno o en salamandra.
d) Recubrir con pan rallado un alimento antes de freírlo.

53. ¿Cuál de las siguientes elaboraciones lleva gelatina como principal ingrediente?

a) Áspic.
b) Aurora.
c) Ballotine.
d) Becada.

54. ¿Cómo se denomina la mezcla de frutas que se cuece lentamente, generalmente en un almíbar de azúcar con especias o licor?

a) Chipolata.
b) Compota.
c) Concassé.
d) Fruta en almíbar.

55. ¿Cuál es el nombre de la crema batida ligeramente azucarada y perfumada con vainilla?

a) Chantillí.
b) Alsaciana.
c) Merengue.
d) Ballotine.

56. ¿Cómo se denomina la pasta que recubre a un preparado?

a) Cobertera.
b) Costrada.
c) Carré.
d) Masa.

57. ¿Qué es el cuscús?

a) Sémola de trigo.
b) Arroz.

c) Salvado de avena.
d) Cebada.

58. ¿Qué es aromatizar un líquido con ingredientes aromáticos?

a) Acidular.
b) Napar.
c) Infusionar.
d) Albardar.

59. ¿Qué es majar?

a) Machacar de forma imperfecta con ayuda de un mortero.
b) Cortar en trozos regulares con mandolina.
c) Trocear de forma irregular con cuchillo.
d) Romper un género con la mano.

60. ¿Qué es la muselina?

a) Crema pastelera enriquecida con mantequilla.
b) Masa de hojaldre rellena.
c) Mezcla de nata y fruta.
d) Salsa de bechamel.

61. ¿Qué son petit-fours?

a) Masa tostada.
b) Pequeños pastelillos horneados.
c) Hortalizas cortadas en fondos y rellenas de carne.
d) Guarnición para pescado.

62. ¿Qué significa retractilar?

a) Tapar el recipiente donde se elaboró el alimento con una tapa.
b) Envolver con plástico un producto para protegerlo.
c) Cubrir con un paño.
d) Empanar.

63. ¿Qué significa manir?

a) Cocer a fuego lento las hortalizas.
b) Ablandar la carne de caza por la acción de las especies y vinos.
c) Tornear verduras.
d) Trocear el pescado en rodajas gruesas.

64. ¿Qué sabor tiene el guirlache?

a) Ácido.
b) Amargo.
c) Dulce.
d) Salado.

65. ¿Cuál de los siguientes es un plato típico procedente de Hungría?

a) Goulash.
b) Kiche.
c) Nogda.
d) Orly.

66. ¿Qué es la Purrusalda?

a) Un pez de agua dulce, de hocico prominente y barbas a cada lado.
b) Un ave salvaje, comestible, de cuyo hígado se obtiene la base para la elaboración del foie-gras.
c) Una guarnición de tomate picado gruesamente sin piel ni pepitas y rehogado.
d) Un plato típico del país vasco.

Solución al test n.º 3

1. b) El alimento se envasa al vacío tras su cocción.

2. a) Un sistema de enfriamiento mecánico o criogénico hace que la temperatura del alimento disminuya desde los 65 – 70 ºC que alcanza, tras la cocción, hasta un máximo de 10 ºC .

3. a) Ayuda a solucionar la falta de personal durante las noches y/o los fines semana.

4. a) El ritmo de trabajo se intensifica a determinadas horas, previas a las comidas.

5. c) Se alarga la vida media de los alimentos de forma considerable, incluso hasta meses.

6. b) Elaborar los platos en el momento en que van a ser consumidos.

7. c) 70 ºC.

8. a) Entre 0 y 3 ºC.

9. d) Todas las respuestas son correctas.

10. d) Carro de regeneración.

11. a) Por aire caliente.

12. a) Huevo frito.

13. a) Inactivación de las enzimas.

14. b) Es una fritura rápida japonesa, en especial para los mariscos y verduras.

15. d) 120º C.

16. a) Con protección.

17. a) Huevo frito.

18. c) Los 200 ºC.

19. d) Glaseado.

20. c) Escaldado.

21. b) Uso de productos de 4.ª y 5.ª gama.

22. d) Adelgazar un género mediante golpes suaves.

23. d) Decorar una verdura tallando su piel en tiras.

24. b) Ablactar.

25. a) Recubrir con una lámina fina de tocino determinadas carnes y aves con poca grasa, para que resulten más jugosas y no se sequen al cocinarlas.

26. a) Atar con un hilo para que no se deforme durante la cocción.

27. b) Recubrir un alimento con pan rallado antes de freírlo.

28. b) Rehogar.

29. a) Napar.

30. c) Introducir en la carne cruda tiras de panceta, zanahorias, trufas, etc.

31. b) Dorar un género a fuego vivo, con grasa, que resultará totalmente cocinado.

32. d) Bañar o cubrir con caramelo un preparado.

33. b) Acidular.

34. a) Empapar un postre con almíbar, vino o licor.

35. d) Escaldar.

36. a) Una concasse.

37. c) Cubrir un preparado de pastelería con azúcar fondant, mermelada, azúcar glass.

38. c) Forma de cortar en tiras de 3 a 5 centímetros de largo por 1 a 3 milímetros de grueso.

39. c) Poner a remojar en vino, licor o aguardiente, etc., alimentos muy diversos (frutas, carnes), con el fin de que adquieran parte de su sabor.

40. c) Mortificar.

41. a) Cubrir un género de una ligera capa de harina y otra posteriormente de huevo batido, antes de freírlo.

42. b) Al dente.

43. c) Desglasar.

44. a) Rustir.

45. c) Generalmente carne cortada en pequeños filetitos para una elaboración posterior. Setas cortadas a tiras.

46. a) Pularda.

47. d) Confitar.

48. a) Escaldado.

49. b) Incrustar clavos de olor, normalmente en una cebolla u otros géneros.

50. a) Un relleno para hojaldres, terrinas, pescados, crustáceos, piezas de carne o verduras, muy bien picados o molidos, y condimentados.

51. a) Médula.

52. c) Dorar al horno o en salamandra.

53. a) Áspic.

54. b) Compota.

55. a) Chantillí.

56. b) Costrada.

57. a) Sémola de trigo.

58. c) Infusionar.

59. a) Machacar de forma imperfecta con ayuda de un mortero.

60. a) Crema pastelera enriquecida con mantequilla.

61. b) Pequeños pastelillos horneados.

62. b) Envolver con plástico un producto para protegerlo.

63. b) Ablandar la carne de caza por la acción de las especies y vinos.

64. c) Dulce.

65. a) Goulash.

66. d) Un plato típico del país vasco.

TEST N.º 4

Seguridad e higiene en la manipulación de los alimentos, así como en las elaboraciones culinarias. Normativa

1. Todo manipulador de alimentos debe respetar las siguientes normas de higiene:

a) Lavado de manos con agua caliente y jabón.
b) Fumar, toser o estornudar sobre el alimento.
c) Usar mascarilla exclusivamente para la manipulación de productos que se consumirán en crudo.
d) Todas son correctas.

2. ¿Qué hará el manipulador de alimentos si está afectado por un proceso diarreico?

a) No presentarse a trabajar.
b) No realizará ningún tipo de trabajo de manipulación, independientemente de la gravedad de la infección.
c) Informará con la finalidad de que se valore la necesidad de someterse a examen médico, y, en caso necesario, su exclusión temporal de la manipulación de productos alimenticios.
d) Continuará con su tarea normal, ya que no influye en su trabajo.

3. ¿Quién impartirá la formación a los manipuladores de alimentos?

a) La propia empresa o una entidad autorizada por la autoridad sanitaria competente.
b) La propia empresa siempre.
c) La autoridad competente.
d) Una empresa auditora.

4. Garantizarán que los manipuladores de alimentos dispongan de una formación adecuada en higiene de los alimentos de acuerdo con su actividad laboral:

a) Las empresas del sector alimentario.
b) La Comunidad Autónoma respectiva.

c) La autoridad sanitaria competente.

d) Las opciones a) y b) son correctas.

5. Las personas que, por su actividad laboral, tienen contacto directo con los alimentos durante su preparación, fabricación, transformación, elaboración, envasado, almacenamiento, transporte, distribución, venta, suministro y servicio, son llamadas:

a) Manipuladores alimentarios.

b) Manipuladores de alimentos.

c) Manejadores de alimentos.

d) Manejadores alimentarios.

6. Señala cuál de las siguientes actividades puede realizar el manipulador de alimentos durante el ejercicio de la actividad:

a) Fumar.

b) Masticar chicle.

c) Comer en el puesto de trabajo.

d) Ninguna de las opciones anteriores es correcta.

7. ¿Cuál es la definición correcta de Higiene Alimentaria, según la Organización Mundial de la Salud?

a) El conjunto de medidas necesarias para asegurar la salubridad de un producto.

b) El conjunto de medidas necesarias para asegurar la inocuidad de un producto.

c) El conjunto de medidas necesarias para asegurar el buen estado de los productos.

d) El conjunto de medidas necesarias para asegurar la salubridad, inocuidad y buen estado de los productos destinados a la alimentación, en todas las etapas de su preparación.

8. ¿En qué etapa del proceso hay riesgo de contaminación del alimento?

a) En la cocción.

b) En el envasado.

c) En la preparación en crudo.

d) En todas las etapas.

9. ¿Qué se entiende por productos primarios?

a) Los productos de producción primaria, incluidos los de la tierra, ganadería, caza y pesca.

b) Los productos de producción agrícola exclusivamente.

c) Todos los productos de elaboración básica.

d) Los productos precocinados.

10. Para garantizar la protección de los productos primarios contra focos de contaminación, ¿qué medida/s higiénica/s tendrá en cuenta la empresa alimentaria?

a) Mantendrán limpias las instalaciones, equipos, contenedores y vehículos.

b) Evitarán la contaminación por plagas u otros animales, residuos y sustancias peligrosas.

c) Vigilarán el buen estado de salud de los manipuladores, y se asegurarán de que reciben la formación necesaria sobre riesgos sanitarios.

d) Todas las respuestas son correctas.

11. ¿Qué requisitos exige el Reglamento 852/2004 del Parlamento Europeo, para los locales destinados a los productos alimenticios?

a) Habrá ventilación artificial para evitar tener que hacer control de temperatura.

b) Se evitarán las corrientes de aire desde zonas contaminadas a zonas limpias.

c) Dispondrán siempre de buena iluminación natural.

d) Todas las respuestas son correctas.

12. ¿Qué características tendrán las superficies donde se manipulen alimentos?

a) Serán de materiales porosos con fácil absorción.

b) Las superficies serán rugosas para evitar el deslizamiento de los materiales durante la manipulación.

c) Serán de materiales lisos, lavables, resistentes a la corrosión y no tóxicos.

d) No hay requisitos sobre las características de los materiales que entren en contacto con los alimentos, tan solo se deberán mantener limpios.

13. Los contenedores utilizados para transporte de productos alimenticios, ¿podrán transportar algo que no sean productos alimenticios?

a) No, nunca.

b) Sí, siempre que exista una separación efectiva de los productos para evitar contaminación.

c) Sí. No tienen por qué ser exclusivos para productos alimenticios.

d) Cada producto debe ir obligatoriamente en un contenedor, aunque podrá ser transportado en el mismo vehículo.

14. El Reglamento 852/2004 establece las disposiciones aplicables a los productos alimenticios. Indique cuál de las siguientes es falsa:

a) Las materias primas e ingredientes se almacenarán en condiciones adecuadas, que permitan evitar su deterioro y protegerlos de la contaminación.

b) Las materias primas o productos no deberán conservarse a temperaturas que puedan dar lugar a riesgos para la salud.

c) Cuando un operador de empresa alimentaria prevea razonablemente que una materia prima pueda estar contaminada, la someterá a cocción prolongada para eliminar los microorganismos.

d) La descongelación se hará de modo que se reduzca al mínimo el riesgo de multiplicación de microorganismos patógenos o la formación de toxinas.

15. ¿Qué objetivos tiene la formación de los manipuladores de alimentos?

a) Actualizar los cambios normativos y tecnológicos.
b) Mejorar los hábitos de los manipuladores y promover las prácticas correctas.
c) Responder a las exigencias de la normativa vigente.
d) Todas las respuestas son correctas.

16. Según el Reglamento (CE) 852/2004 del Parlamento Europeo y del Consejo, de 29 de abril, los operadores de empresa alimentaria deberán garantizar:

a) La supervisión, instrucción y formación de los manipuladores de alimentos en cuestiones de higiene alimentaria.
b) La vigencia de la normativa en materia de higiene alimentaria.
c) La formación de los inspectores de la autoridad competente en materia de higiene alimentaria.
d) Todas las respuestas son falsas.

17. ¿Qué obligación tiene la empresa alimentaria con la autoridad competente?

a) Deberá cooperar y notificar todos los establecimientos que estén bajo su control con el fin de proceder a su registro.
b) Enviará informe diario pormenorizado sobre la actividad de la empresa.
c) Registrará la contabilidad mensual.
d) La normativa vigente no establece obligaciones con la autoridad competente.

18. ¿Qué finalidad tiene el Catálogo Nacional de Cualificaciones Profesionales?

a) Establecer la norma que regula cada una de las profesiones.
b) Definir los contenidos de las diferentes titulaciones universitarias.
c) Ordena las cualificaciones profesionales susceptibles de reconocimiento y acreditación, identificadas en el sistema productivo en función de las competencias apropiadas para el ejercicio profesional.
d) Dividir las profesiones en grupos familiares y módulos en función de los niveles salariales.

19. ¿Cómo se acredita la realización de actividades formativas?

a) Mediante la concesión de un boletín informativo.
b) A través de la expedición de certificado individual.

c) Realizando exámenes periódicos que demuestren que se mantienen actualizados los conocimientos adquiridos.

d) La formación continuada no se acredita.

20. ¿Pará qué se realizan los exámenes médicos?

a) Para determinar el estado de salud de un individuo.

b) Para prevenir la transmisión de enfermedades.

c) Para identificar individuos enfermos, pero no portadores sanos.

d) Ninguna respuesta es correcta.

21. ¿Qué norma establece las infracciones en materia de seguridad alimentaria y las sanciones correspondientes?

a) El Reglamento 852/2004 del Parlamento Europeo y del Consejo, de 29 de abril, relativo a la higiene de los productos alimenticios.

b) La Ley 17/2009, de 23 de noviembre.

c) El Real Decreto 202/2000, de 11 de febrero, por el que se establecen las normas relativas a los manipuladores de alimentos.

d) La Ley 17/2011, de 5 de julio, de seguridad alimentaria y nutrición.

22. ¿Qué obligación tiene el manipulador de alimentos respecto a su indumentaria?

a) Ropa e indumentaria preferentemente de color claro.

b) Calzado impermeable.

c) Cubrecabezas y/o redecilla en su caso.

d) Todo ello, que además será debe ser exclusivo para su puesto de trabajo.

23. ¿En qué fase del proceso de manipulación de alimentos está prohibido mascar chicle?

a) Durante el envasado o emplatado.

b) Cuando el alimento va a ser consumido en crudo, sin cocción previa.

c) Está prohibido en todas las fases del proceso.

d) Está prohibido comer, no masticar chicle.

24. ¿Cuál es la normativa vigente en materia de formación de manipuladores de alimentos?

a) Real Decreto 202/2000, de 11 de febrero.

b) Reglamento (CE) n. º 852/2004 del Parlamento Europeo y del Consejo, de 29 de abril.

c) Real Decreto 109/2010, de 5 de febrero.

d) Ley 17/2009, de 23 de noviembre.

25. ¿Qué puede hacer una empresa alimentaria para cerciorarse de que se cumplen las normas de higiene establecidas en el Reglamento 852/2004?

a) Tener definido su sistema APPCC para garantizar la aplicación de prácticas de higiene correctas.
b) Elaboración de guías de prácticas correctas.
c) Mantener la cadena del frío en los alimentos congelados.
d) Todas las respuestas son correctas.

26. ¿Qué medidas tomarán los operadores de empresa alimentaria de producción primaria para garantizar que los productos primarios están protegidos de cualquier contaminación?

a) Medidas de control de la contaminación.
b) Medidas zoosanitarias.
c) Medidas fitosanitarias.
d) Todas las respuestas son correctas.

27. ¿Qué registros tendrá la empresa alimentaria sobre los productos de origen animal?

a) Utilización de productos fitosanitarios y biocidas.
b) Aparición de plagas y enfermedades en las plantas.
c) Medicamentos veterinarios y otros tratamientos.
d) Todas las respuestas son correctas.

28. ¿Qué requisitos se establecen respecto a la temperatura de los locales donde se manipulan alimentos?

a) La manipulación y almacenamiento se harán a temperatura adecuada, que se podrá comprobar y registrar.
b) La temperatura se mantendrá constante durante todo el proceso de manipulación.
c) Será siempre de 20 ºC, para comodidad del trabajador.
d) La normativa no hace referencia a la temperatura salvo para productos conservados por frío.

29. Respecto a la disposición, diseño, construcción, emplazamiento y tamaño, de los locales donde se manipulen alimentos, ¿qué establece la normativa?

a) Permitirá su limpieza y desinfección, y evitará la acumulación de suciedad.
b) Dispondrá de espacio suficiente para trabajar de forma higiénica.
c) Reducirá la contaminación por aire.
d) Todas las respuestas son correctas.

30. ¿Qué es un portador sano?

a) Persona que sin presentar síntomas de enfermedad, puede transmitir gérmenes a los alimentos y causar daños en otras personas.
b) Persona con alguna patología que trabaja de pinche de cocina.

c) Persona que presenta síntomas de enfermedad, puede transmitir gérmenes a los alimentos y causar daños en otras personas.
d) Persona ajena a la cocina que es portadora de bacterias.

31. ¿Qué características tendrán los fregaderos?

a) Tendrán suministro de agua potable.
b) Serán fáciles de limpiar y desinfectar.
c) Estarán hechos de material liso y resistente a la corrosión.
d) Todas las respuestas son correctas.

32. ¿Establece la normativa vigente algún requisito higiénico para los equipos de cocina?

a) No, no hay requisitos específicos sobre higiene.
b) Obliga a que lleven dispositivos de control en todo caso.
c) Cuando estén en contacto con los alimentos deberán limpiarse y desinfectarse con frecuencia.
d) Diariamente deberán desmontarse para su limpieza.

33. ¿Qué dice el Reglamento 852/2004 sobre los contenedores de desperdicios de productos alimenticios?

a) Estarán provistos de cierre y se mantendrán limpios.
b) Tendrán una capacidad de 10 metros cúbicos.
c) Serán de color negro.
d) Todas las respuestas son correctas.

34. ¿Se puede utilizar agua corriente para el vapor que entra en contacto con los alimentos?

a) Sí, siempre que no contenga ninguna sustancia que entrañe peligro para la salud o pueda contaminar el producto.
b) No nunca.
c) Sólo si el agua es no potable.
d) El Reglamento 852/2004 no habla de este aspecto.

35. Los establecimientos de comercio al por menor podrán usar huevo crudo para elaborar alimentos que se sometan a un tratamiento térmico donde se alcance una temperatura igual o superior a

a) 63 °C.
b) 70 °C.
c) 45 °C.
d) 100 °C.

36. ¿Qué afirmación es correcta sobre los envases de productos alimenticios?

a) Serán siempre no reutilizables.
b) Serán reutilizables y de material permeable.
c) Se almacenarán de manera que se garantice su integridad.
d) Todas las respuestas son correctas.

37. ¿Qué es el sistema APPCC?

a) Un instrumento para ayudar a logra niveles elevados de seguridad alimentaria.
b) Un sistema de control de personal.
c) Un método para definir los procesos de producción.
d) Una guía de buenas prácticas.

38. ¿Qué objetivo tienen las auditorías, según la Ley de seguridad alimentaria y nutrición?

a) Asegurarse de que se cumplen los objetivos previstos en el Plan Nacional de Control Oficial de la Cadena Alimentaria.
b) Verificar si se aplican de forma efectiva y adecuada los controles oficiales sobre el cumplimiento de planes de control y la formación del personal, entre otros.
c) Las opciones a) y b) son correctas.
d) Todas las respuestas son falsas.

39. Según las Reglas de Oro para la preparación de alimentos sanos propuestas por la OMS:

a) No se recomienda el consumo de alimentos que son sometidos a tratamientos antes de su comercialización para que resulten más seguros desde el punto de vista sanitario.
b) Es conveniente mantener los alimentos tras la cocción entre los 20 ºC y los 40 ºC.
c) Se debe evitar el contacto entre los alimentos crudos y los cocinados.
d) El agua utilizada para beber debe ser potable y apta para el consumo humano, pero no necesariamente la que se emplea para la preparación de alimentos.

40. ¿A qué temperatura se deben mantener los alimentos cocinados hasta su consumo, si no se van a refrigerar o congelar?

a) A una temperatura superior o igual a 33 °C hasta el momento de su consumo.
b) A una temperatura superior o igual a 43 °C hasta el momento de su consumo.
c) A una temperatura superior o igual a 53 °C hasta el momento de su consumo.
d) A una temperatura superior o igual a 63 °C hasta el momento de su consumo.

41. ¿Qué puede ocurrir cuando el alimento es contaminado por microorganismos y tiene cambios en sus características organolépticas?

a) Probablemente sea rechazado antes de su consumo.
b) Hay mayor riesgo.

c) La contaminación es más grave.
d) Es salmonelosis.

42. ¿Cómo se denominan las sustancias tóxicas producidas por microorganismos en los alimentos?

a) Proteínas.
b) Microbicinas.
c) Toxinas.
d) Intoxicaciones.

43. Uno de los factores que influyen en el desarrollo de las enfermedades de transmisión alimentaria es:

a) Contaminación cruzada entre productos crudos y cocinados.
b) Cocción insuficiente de los alimentos.
c) Mantener los alimentos a temperatura ambiente en lugar del refrigerador.
d) Todas son correctas.

44. Ante una infección o intoxicación alimentaria, se debe:

a) Comunicarlo de inmediato a la autoridad sanitaria competente.
b) Tratar de recordar y anotar la relación de menús y alimentos. Consumidos por el grupo de personas afectadas, así como la fecha y el lugar donde se adquirieron.
c) Conservar aislados y refrigerados del resto de alimentos, ya que su análisis puede ser decisivo a la hora de encontrar la causa del problema.
d) Todas son correctas.

45. ¿Cómo se denominan las enfermedades alimentarias debidas a la toxina de un microorganismo?

a) Infecciones alimentarias.
b) Intoxicaciones alimentarias.
c) Toxiinfecciones alimentarias.
d) Enfermedades metabólicas.

46. ¿En qué caso es más elevada la aparición de toxiinfecciones alimentarias?

a) Paisas desarrollados.
b) Invierno.
c) Verano.
d) No hay variaciones.

47. ¿Quién tiene mayor riesgo de padecer los síntomas de una toxiinfección alimentaria?

a) Ancianos.
b) Adultos sanos.

c) Mujeres.

d) Todos estos colectivos de población tienen el mismo riesgo.

48. ¿Qué modificaciones físicas pueden sufrir los alimentos como consecuencia de alteraciones provocadas por microorganismos?

a) En la consistencia.

b) En la composición.

c) En la acidez.

d) En la formación de gases.

49. ¿Qué tipo de alimento es el arroz?

a) Perecedero.

b) Semiperecedero.

c) No perecedero.

d) Inestable.

50. ¿Qué condiciones favorecen el desarrollo de microorganismos en el alimento?

a) Composición del alimento.

b) Contenido en agua.

c) Temperatura.

d) Todas estas condiciones influyen.

51. ¿A qué temperatura mueren la mayoría de los microorganismos?

a) A -18 ºC.

b) A 50 ºC.

c) A 65 ºC.

d) A 100 ºC.

52. ¿Por qué sobre el limón no crecen muchos microorganismos?

a) Por su acidez.

b) Por su escaso contenido en agua.

c) Por la falta de nutrientes.

d) Por la temperatura de conservación.

53. ¿Qué es un contaminante?

a) Microorganismos que se añaden al yogur para que fermente.

b) Aditivos autorizados.

c) Elementos que se incorporan de manera involuntaria al alimento, y que pueden tener consecuencias negativas sobre la salud del consumidor.

d) Todas las respuestas son correctas.

54. ¿Cuál/es de las siguientes son bacterias?

a) *Clostridium*.
b) *Brucella*.
c) *Escherichia coli*.
d) Todas las anteriores.

55. ¿Cuáles de los siguientes son parásitos?

a) Salmonella, Clostridium y Vibrio.
b) Hepatitis, Norwalk y Virus de la encelopatía espongiforme bovina.
c) Triquina, Anisakis y protozoos.
d) Todas las respuestas son correctas.

56. ¿En qué alimentos es más fácil la contaminación bacteriana?

a) Aceite.
b) Azúcar.
c) Leche.
d) Harina.

57. ¿Qué son las bacterias anaerobias?

a) Las que necesitan oxígeno para vivir.
b) Las que viven en ausencia de oxígeno.
c) Las que permanecen latentes en condiciones adversas.
d) Ninguna respuesta es correcta.

58. ¿En qué condiciones se desarrolla la bacteria Salmonella?

a) A temperatura ambiente.
b) En la carne picada.
c) En la leche sin pasteurizar.
d) Todas las respuestas indican condiciones adecuadas para el desarrollo de la bacteria.

59. ¿Cómo se destruye el *Clostridium botulinum*?

a) Por congelación.
b) A 65 ºC en el centro del producto.
c) A 120 ºC durante 20 minutos.
d) No se destruye con la temperatura.

60. ¿Cuál de las siguientes bacterias se puede encontrar en las ostras?

a) Yersinia.
b) *Campylobacter*.

c) *Bacillus.*
d) Estafilococo.

61. ¿Cuál de las siguientes bacterias se puede encontrar en la harina?

a) Yersinia.
b) *Campylobacter.*
c) *Bacillus.*
d) Estafilococo.

62. ¿Qué síntomas se producen en la brucelosis?

a) Fiebre, dolor de cabeza y pérdida de apetito.
b) Fiebre, dolor muscular y parálisis facial.
c) Diarreas hemorrágicas.
d) Ninguno de los anteriores.

63. ¿Qué es un Vibrio?

a) Una bacteria.
b) Un virus.
c) Una toxina.
d) Un parásito.

64. ¿De dónde proceden las micotoxinas?

a) Alimentos.
b) Hongos.
c) Agua.
d) Vías respiratorias altas.

65. ¿Qué problemas causa el virus Norwalk?

a) Hemorragia.
b) Parálisis.
c) Gastroenteritis.
d) Muerte.

66. ¿Qué enfermedad es la encefalopatía espongiforme bovina?

a) Enfermedad de las vacas locas.
b) Hepatitis A.
c) Cólera.
d) Ninguna de las anteriores.

67. ¿Qué alimento puede portar el parásito causante de la triquinosis?

a) Fruta.
b) Pescado.
c) Carne.
d) Verdura.

68. ¿Qué enfermedad se previene con la congelación del pescado?

a) Anisomiasis.
b) Botulismo.
c) Gastroenteritis.
d) Hepatitis.

69. ¿Dónde se desarrolla Giardia?

a) En la carne.
b) En la tierra.
c) En el agua.
d) En los ganglios.

70. ¿Cuáles de los siguientes son contaminantes abióticos?

a) Metales pesados.
b) Insectos.
c) Hongos.
d) Protozoos.

71. ¿Cómo se denomina la aparición en dos o más personas en un mismo lugar, de una enfermedad debida a una infección?

a) Toxiinfección.
b) Brote epidemiológico.
c) Pandemia.
d) Zoonosis.

72. ¿En qué consiste la vigilancia epidemiológica?

a) En hacer control de calidad.
b) Es un plan de prevención de riesgos alimentarios.
c) En realizar estudios de los brotes para determinar la causa y proponer medidas.
d) Es una red de control del comercio de productos alimenticios.

73. La *Listeria monocytogenes* responsable de la listeriosis, es:

a) Una bacteria patógena.
b) Una bacteria esporulada.

c) Un norovirus.
d) Un rotavirus.

74. ¿Para qué sirve el análisis cuando aparece un brote de toxiinfección alimentaria?

a) Para prevenir.
b) Para detectar rápidamente la causa.
c) Para eliminar la contaminación.
d) Para nada.

75. ¿Cómo son los procedimientos de autocontrol?

a) Adecuados a la naturaleza del alimento.
b) Adecuados a los procesos.
c) Adecuados a las características del establecimiento.
d) Debe cumplir las condiciones expuestas en a), b) y c.

76. ¿Qué cantidad mínima se ha de recoger en la muestra de las comidas testigo?

a) Una ración individual de como mínimo de 100 g.
b) Dos raciones de 50 g cada una.
c) Una ración individual de como mínimo de 250 g.
d) Todas son correctas.

77. ¿Qué definen los criterios microbiológicos?

a) Número de muestras a analizar.
b) Clase de microorganismos que se tratarán de detectar y cuantificar, y niveles aceptables.
c) Calor de los puntos críticos.
d) Si hay microorganismos presentes o no.

78. ¿Cómo se determina el valor aceptable de un punto de control crítico?

a) Estableciendo los límites críticos.
b) Con el último valor obtenido en los análisis.
c) Con la media de los valores obtenidos en los últimos análisis.
d) Es imposible determinar ese valor.

79. ¿En qué fase del sistema de autocontrol permanente se aplican los procedimientos de verificación?

a) Cuando se detectan puntos de control crítico.
b) Cuando se han implantado medidas correctoras.

c) Cuando se identifica un peligro.
d) Cuando hay un punto de control crítico que no está bajo control.

80. Durante la cocción de productos alimenticios hay que garantizar que el centro del producto cocinado alcanza al menos los:

a) 50ºC.
b) 60 ºC.
c) 70 ºC.
d) 80 ºC.

81. ¿Cuáles son las fases para el análisis microbiológico en los alimentos?

a) Toma de muestras.
b) Elección de un método.
c) Interpretación de los resultados.
d) Todas las respuestas son correctas.

82. La temperatura óptima para el crecimiento de los gérmenes se puede localizar entre:

a) 10 ºC y 20 ºC.
b) 20 ºC y 30 ºC.
c) 30 ºC y 40 ºC.
d) 40 ºC y 50 ºC.

83. ¿Qué diferencia hay entre el emplatado de una ración normal y el del plato testigo?

a) El plato testigo será una porción menor.
b) El plato testigo se emplata con mayor cuidado e higiene.
c) El plato testigo se mantendrá a temperaturas de congelación.
d) Se emplatarán en las mismas condiciones.

84. ¿A qué temperatura se destruye la toxina botulínica?

a) A -24ºC durante 2 días
b) A 80 ºC durante al menos 10 minutos
c) A la misma que las esporas.
d) Son correctas las respuestas b) y c).

85. ¿Qué medidas preventivas son eficaces frente a la transmisión de Listeria?

a) Beber leche cruda.
b) Lavar bien la fruta y verdura cruda.

c) Asegurar la cocción adecuada de los alimentos.
d) Las respuestas b) y c) son correctas.

86. ¿Qué es el Saturnismo?

a) Una enfermedad bacteriana.
b) Una enfermedad producida por el acúmulo de plomo consumido.
c) Una enfermedad producida por el acúmulo de mercurio consumido.
d) Una enfermedad parasitaria.

87. ¿Cuánto tiempo se conservarán los platos testigos según el Real Decreto 1086/2020, de 9 de diciembre?

a) 7 días mínimos.
b) 48 horas máximo.
c) Un día.
d) Se consumirán de manera inmediata.

88. Cuando se consume carne de ave que está infectada por *Campylobacter*, ¿qué tipo de transmisión se ha dado?

a) Contaminación en origen.
b) Contaminación indirecta.
c) Contaminación cruzada.
d) Contaminación horizontal.

89. ¿Es una causa de contaminación cruzada?

a) El manipulador es portador de una enfermedad.
b) Falta de higiene de las superficies.
c) Almacenamiento incorrecto de alimentos.
d) Todas las respuestas son correcta.

90. La enfermedad de Minamata está producida por la ingesta de:

a) Antibióticos.
b) Mercurio.
c) Anabolizantes.
d) Acrilamida.

91. ¿Qué orden es correcto en el proceso de lavado?

a) Prelavado, limpieza y desinfección, enjuague final.
b) Limpieza, desinfección, prelavado, enjuague final.
c) Enjuague inicial, limpieza y desinfección, lavado final.
d) Pueden ser correctas las respuestas a) y c).

92. ¿Cuál de los siguientes componentes no forma parte de un detergente?

a) Tensioactivos.
b) Coadyuvantes.
c) Pavimentadores.
d) Aditivos.

93. ¿Qué es la lejía?

a) Un desinfectante, derivado del cloro.
b) Un aldehído.
c) Un esterilizante.
d) Un antiséptico.

94. ¿Qué función tienen los auxiliares de presentación en los detergentes?

a) Disminuir la tensión superficial del agua.
b) Aumentar la alcalinidad.
c) Aportar perfume y suavidad.
d) Determinar el aspecto del producto acabado.

95. ¿Qué propiedades debe tener un detergente?

a) Poder humectante.
b) Poder dispersante.
c) Poder de suspensión.
d) Todas.

96. ¿Qué combinación no es posible en la composición de un detergente?

a) Tensioactivos aniónicos con tensioactivos no iónicos.
b) Tensioactivos catiónicos con tensioactivos anfotéricos.
c) Tensioactivos no iónicos con coadyuvantes.
d) Tensioactivos aniónicos con tensioactivos catiónicos.

97. ¿En qué fase del proceso de limpieza se aplica detergente disuelto en agua, y se deja actuar durante un tiempo, para que se desprenda la capa de suciedad?

a) Lavado.
b) Prelavado.
c) Enjuague.
d) Desinfección.

98. ¿De qué factores depende la frecuencia en la limpieza?

a) Frecuencia de uso.
b) Estado previo de la limpieza.

c) Tipo de alimentos que se manipulen.
d) Todas las respuestas son correctas.

99. ¿Cómo influye el uso de productos eficaces en la limpieza?

a) Aumentando la acción mecánica.
b) Mejorando la acción química.
c) Aumentando el tiempo.
d) Disminuyendo la temperatura.

100. ¿Cuál de estos tensioactivos no tiene carga es solución acuosa?

a) Aniónicos.
b) Catiónicos.
c) No iónicos.
d) Las respuestas a) y b) son correctas.

101. ¿Qué características tiene la lejía como desinfectante?

a) Es corrosiva para algunos metales.
b) Es inestable.
c) Puede liberar gases asfixiantes en contacto con algunos productos.
d) Todas las respuestas son correctas.

102. ¿Qué significan las indicaciones de peligro (H) en la etiqueta de un producto de limpieza?

a) Recomendaciones de uso.
b) Riesgos de seguridad.
c) Consejos específicos.
d) Composición.

103. ¿Cómo se denominan sustancias y preparados que en contacto con tejidos vivos pueden ejercer acción destructora de los mismos?

a) Irritantes.
b) Nocivos.
c) Corrosivos.
d) Inflamables.

104. ¿Qué precauciones debe tomar con los envases de productos de limpieza?

a) Verificar el buen estado de recipientes y envases para evitar fugas.
b) Se mantendrán cerrados mientras no se usen.
c) Elegir recipientes adecuados para utilizar pequeñas cantidades de producto.
d) Las respuestas a) y b) son correctas.

105. Según el reglamento CLP, ¿qué indicaciones llevará la etiqueta?

a) Frases R y S.
b) Consejos de prudencia e indicaciones de peligro.
c) Pictogramas que sustituyen a las antiguas frases R.
d) Todas las respuestas son correctas.

106. ¿Qué tipos de peligro establece el Reglamento CLP?

a) Físicos, para la salud y para el medio ambiente.
b) Físicos, químicos y biológicos.
c) Agudos y crónicos.
d) Leves, graves y muy graves.

107. ¿Qué son sustancias pirofóricas?

a) Sustancias o mezclas que, por medio de una acción química, pueden dañar gravemente, o incluso destruir, los metales.
b) Sustancias o mezclas sólidas o líquidas, que pueden calentarse espontáneamente en contacto con el aire sin aporte de energía.
c) Sustancias o mezclas sólidas o líquidas que, por interacción con el agua, tienden a volverse espontáneamente inflamables o a desprender gases inflamables en cantidades peligrosas.
d) Sustancias o mezclas líquidas o sólidas que, aun en pequeñas cantidades, pueden inflamarse al cabo de 5 minutos de entrar en contacto con el aire.

108. ¿Cuál de los siguientes son peligros para la salud?

a) Sensibilización respiratoria.
b) Carcinogenicida.
c) Peligro por aspiración.
d) Todas las respuestas son correctas.

109. ¿Qué tipo de indicación es: H360F: Puede perjudicar a la fertilidad?

a) Consejo de prudencia.
b) Indicación de peligro.
c) Consejo de seguridad.
d) Indicación de protección.

110. ¿Cuál de los siguientes peligros no se contemplan en el Reglamento (CE) n.º 1272/2008, también denominado Reglamento CLP?

a) Peligro para el medio ambiente.
b) Peligro para la salud.

c) Peligro indeterminado.
d) Peligro físico.

111. ¿Cómo se llaman las sustancias que en contacto con otras producen una reacción exotérmica?

a) Pirofóricas.
b) Explosivas.
c) Comburentes.
d) Corrosivas.

112. ¿Qué elemento esencial constituirá la limpieza en los procedimientos de limpieza y desinfección independientes?

a) Agua caliente.
b) Solución detergente.
c) Ordenamiento de utensilios.
d) Barrer en húmedo.

113. En la limpieza y desinfección combinada se empleará:

a) Solo la acción detergente.
b) Solo la acción desinfectante.
c) Primero la acción detergente y posteriormente y aparte la acción desinfectante.
d) Se emplearán a la vez la acción detergente y la acción desinfectante.

114. ¿Qué mobiliario es no lavable?

a) Cristales.
b) Formica.
c) Maderas nobles (roble, pino, cerezo…).
d) Mármoles.

115. ¿Qué pH tendrá un detergente ácido?

a) 10.
b) 8.
c) 7.
d) 4.

116. ¿Qué detergentes eliminan la suciedad mineral, es decir, sarro, cemento, óxido, etc.?

a) Detergentes alcalinos.
b) Detergentes ácidos.

c) Detergentes neutros.
d) Detergentes básicos.

117. ¿Cuál es el principal componente de los detergentes?

a) Coadyuvantes.
b) Reforzantes.
c) Tensioactivos.
d) Aditivos.

118. ¿Qué tipo de coadyuvante de los detergentes ablanda el agua al secuestrar los iones cálcicos y magnésicos?

a) Silicatos.
b) Fosfatos.
c) Carbonatos.
d) Citratos.

119. ¿Qué propiedad del detergente se da cuando se rompe la suciedad, dispersando las partículas finas que componían esa mancha?

a) Poder humectante.
b) Dispersión.
c) Emulsión.
d) Brillo.

120. En el caso de que un producto limpiador sea considerado como producto peligroso, actualmente el fabricante debe incluir en su etiquetado un pictograma de peligro que será:

a) Cuadrado y apoyado sobre un lado.
b) Cuadrado y apoyado sobre un vértice.
c) Redondo.
d) Rectangular apoyado sobre el lado mayor.

121. ¿Qué productos se emplean para eliminación de microorganismos patógenos?

a) Detergentes.
b) Limpiametales.
c) Desinfectantes.
d) Ambientadores.

122. El triclosan es:

a) Un fenol.
b) Una lejía.

c) Un aldehído.
d) Un amonio cuaternario.

123. El etiquetado de aquellos detergentes que resulten clasificados como productos peligrosos:

a) Deberá cumplir el Reglamento sobre clasificación, envasado y etiquetado de preparados peligrosos vigente.
b) Bastará con cumplir sólo el etiquetado de la Reglamentación técnico-sanitaria para la elaboración, circulación y comercio de detergentes y limpiadores.
c) No está sujeta a obligaciones de etiquetado.
d) La etiqueta deberá ser de color naranja.

124. ¿Qué procedimiento es aquel por el que se elimina el agua con los restos de detergente y la suciedad disuelta?

a) Prelavado.
b) Enjuague.
c) Lavado.
d) Enjuague final.

125. ¿Qué palabra se asocia a las categorías menos grave para la salud de preparados de limpieza que deben figurar en la etiqueta?

a) Peligro.
b) Danger.
c) Atención o warning.
d) Ninguna de las anteriores.

126. La primera etapa de un programa de limpieza y desinfección es:

a) Secado.
b) Desinfección.
c) Prelavado.
d) Enjuague.

127. Un agente tensioactivo puede ser:

a) Iónico (aniónico o catiónico), no iónico o anfótero.
b) Primario, secundario o terciario.
c) Reforzante, aditivo o coadyuvante.
d) De alta, media o baja potencia.

128. La lejía es un desinfectante que tiene como componente activo:

a) Alcohol etílico.
b) Agua.

c) Hipoclorito sódico.
d) Ácido peracético.

129. Para la limpieza de la zona de preparación, una de las pinches necesita un producto de limpieza, ¿a dónde se dirigirá para recogerlo?

a) Al almacén de productos perecederos.
b) Al almacén para productos de limpieza.
c) A la cámara frigorífica.
d) Indistintamente, porque los productos de limpieza se almacenan en cualquier zona de la cocina.

130. En el almacén de limpieza, el pinche se ha encontrado una botella transparente llena de lo que parece un desengrasante que no tiene ninguna etiqueta ni identificación, ¿qué debe hacer?

a) Utilizarla para limpiar y gastarla lo antes posible.
b) La olerá y le pondrá con rotulador el producto que cree que es.
c) Probará con poca cantidad para limpiar y ver si es el producto que necesita.
d) Lo comunicará al encargado de la cocina para su retirada.

131. ¿Qué es un fómite?

a) Un residuo peligroso.
b) Un objeto inanimado que contiene partículas contaminadas y se sitúa en el entorno de la persona.
c) Un insecto.
d) Cualquier material que pueda contaminar el medio ambiente.

132. ¿Cómo se denominan los procedimientos o actuaciones dirigidas a impedir la llegada de los microorganismos patógenos a un medio aséptico?

a) Antisepsia.
b) Asepsia.
c) Desinfección.
d) Esterilización.

133. ¿Cómo se denomina la interrelación de los factores que influyen en la eliminación de la limpieza?

a) Círculo de Grinner.
b) Círculo de Shinn.
c) Círculo de Sinner.
d) Círculo de Havers.

134. ¿Cuál de estas sustancias es un detergente?

a) Jabón de vajilla.
b) Alcohol 70.
c) Lejía.
d) Complejos trialdehídicos.

135. ¿En qué normativa se aprueba la Reglamentación técnico-sanitaria para la elaboración, circulación y comercio de detergentes y limpiadores?

a) Ley 17/2011, de 7 de mayo.
b) Real Decreto 770/1999, de 7 de mayo.
c) Ley 25/2009, de 7 de mayo.
d) Real Decreto 202/2000, de 7 de mayo.

136. ¿Qué producto es aquel cuya finalidad principal es la limpieza y mantenimiento de objetos y superficies tales como suelos, maderas, plásticos, azulejos, cristales...?

a) Detergente.
b) Desinfectante.
c) Limpiador.
d) Coadyuvante.

137. ¿Qué propiedad del detergente se da cuando se rompe la suciedad compacta, dispersando las partículas finas que componían esa mancha?

a) Poder humectante.
b) Dispersión.
c) Emulsión.
d) Brillo.

138. Según el Reglamento (CE) nº 907/2006 de la Comisión, de 20 de junio de 2006, ¿qué sustancias deberán figurar siempre en la etiqueta independientemente de su concentración?

a) Enzimas.
b) Zeolitas.
c) Hidrocarburos halogenados,
d) Fosfatos.

139. Todo lo que se dice de las recomendaciones de almacenaje de productos químicos empleados en limpieza es cierto, excepto:

a) Elegir el recipiente adecuado para guardar cada tipo de sustancia química
b) Guardar los líquidos peligrosos en recipientes abiertos.

c) Tener en cuenta que el frío y el calor deterioran el plástico, por lo que este tipo de envases que contenga productos químicos de limpieza deben ser revisados con frecuencia.

d) Todos los envases que contenga productos químicos de limpieza deben tener su correspondiente etiqueta.

140. ¿Cuál es la es la principal vía de entrada de sustancias tóxicas en el organismo?

a) Vía respiratoria.
b) Vía dérmica.
c) Vía digestiva
d) Vía parenteral.

141. ¿Qué indica este pictograma de peligro según reglamento CLP?

a) Gas baja presión (GZ).
b) Sustancias comburentes (CB).
c) Sustancias inflamables (IN).
d) Cancerígeno, mutágeno.

142. ¿En qué tipo de intoxicación hay que lavar abundantemente?

a) Si esta es aguda.
b) Si esta es crónica.
c) Si se produce por ingestión.
d) Sin contacta con piel u/y ojos.

143. ¿Qué frase de éstas indica "mortal en caso de ingestión"?

a) H310.
b) H330.
c) H300.
d) H200.

144. ¿Qué frase de éstas indica "puede perjudicar a la fertilidad"?

a) H360F.
b) FE330.
c) EUH014.
d) EUH059.

145. La frase "lavar con agua y jabón abundante" es un consejo de prudencia:

a) General.
b) De prevención.
c) De respuesta.
d) De almacenamiento y eliminación.

Solución al test n.º 4

1. a) Lavado de manos con agua caliente y jabón.

2. c) Informará con la finalidad de que se valore la necesidad de someterse a examen médico, y, en caso necesario, su exclusión temporal de la manipulación de productos alimenticios.

3. a) La propia empresa o una entidad autorizada por la autoridad sanitaria competente.

4. a) Las empresas del sector alimentario.

5. b) Manipuladores de alimentos.

6. d) Ninguna de las opciones anteriores es correcta.

7. d) El conjunto de medidas necesarias para asegurar la salubridad, inocuidad y buen estado de los productos destinados a la alimentación, en todas las etapas de su preparación.

8. d) En todas las etapas.

9. a) Los productos de producción primaria, incluidos los de la tierra, ganadería, caza y pesca.

10. d) Todas las respuestas son correctas.

11. b) Se evitarán las corrientes de aire desde zonas contaminadas a zonas limpias.

12. c) Serán de materiales lisos, lavables, resistentes a la corrosión y no tóxicos.

13. b) Si, siempre que exista una separación efectiva de los productos para evitar contaminación.

14. c) Cuando un operador de empresa alimentaria prevea razonablemente que una materia prima pueda estar contaminada, la someterá a cocción prolongada para eliminar los microorganismos.

15. d) Todas las respuestas son correctas.

16. a) La supervisión, instrucción y formación de los manipuladores de alimentos en cuestiones de higiene alimentaria.

17. a) Deberá cooperar y notificar todos los establecimientos que estén bajo su control con el fin de proceder a su registro.

18. c) Ordena las cualificaciones profesionales susceptibles de reconocimiento y acreditación, identificadas en el sistema productivo en función de las competencias apropiadas para el ejercicio profesional.

19. b) A través de la expedición de certificado individual.

20. a) Para determinar el estado de salud de un individuo.

21. d) La Ley 17/2011, de 5 de julio, de seguridad alimentaria y nutrición.

22. d) Todo ello, que además será debe ser exclusivo para su puesto de trabajo.

23. c) Está prohibido en todas las fases del proceso.

24. b) Reglamento (CE) nº 852/2004 del Parlamento Europeo y del Consejo, de 29 de abril.

25. d) Todas las respuestas son correctas.

26. d) Todas las respuestas son correctas.

27. c) Medicamentos veterinarios y otros tratamientos.

28. a) La manipulación y almacenamiento se harán a temperatura adecuada, que se podrá comprobar y registrar.

29. d) Todas las respuestas son correctas.

30. a) Persona que sin presentar síntomas de enfermedad, puede transmitir gérmenes a los alimentos y causar daños en otras personas.

31. d) Todas las respuestas son correctas.

32. c) Cuando estén en contacto con los alimentos deberán limpiarse y desinfectarse con frecuencia.

33. a) Estarán provistos de cierre y se mantendrán limpios.

34. a) Sí, siempre que no contenga ninguna sustancia que entrañe peligro para la salud o pueda contaminar el producto.

35. b) 70 °C.

36. c) Se almacenarán de manera que se garantice su integridad.

37. a) Un instrumento para ayudar a logra niveles elevados de seguridad alimentaria.

38. c) Las opciones a) y b) son correctas.

39. c) Se debe evitar el contacto entre los alimentos crudos y los cocinados.

40. d) A una temperatura superior o igual a 63 °C hasta el momento de su consumo.

41. a) Probablemente sea rechazado antes de su consumo.

42. c) Toxinas.

43. d) Todas son correctas.

44. d) Todas son correctas.

45. b) Intoxicaciones alimentarias.

46. c) Verano.

47. a) Ancianos.

48. a) En la consistencia.

49. c) No perecedero.

50. d) Todas estas condiciones influyen.

51. d) A 100 ºC.

52. a) Por su acidez.

53. c) Elementos que se incorporan de manera involuntaria al alimento, y que pueden tener consecuencias negativas sobre la salud del consumidor.

54. d) Todas las anteriores.

55. c) Triquina, Anisakis y protozoo.

56. c) Leche.

57. b) Las que viven en ausencia de oxígeno.

58. d) Todas las respuestas indican condiciones adecuadas para el desarrollo de la bacteria.

59. c) A 120 ºC durante 20 minutos.

60. a) Yersinia.

61. c) Bacillus.

62. a) Fiebre, dolor de cabeza y pérdida de apetito.

63. a) Una bacteria.

64. b) Hongos.

65. c) Gastroenteritis.

66. a) Enfermedad de las vacas locas.

67. c) Carne.

68. a) Anisomiasis.

69. c) En el agua.

70. a) Metales pesados.

71. b) Brote epidemiológico.

72. c) En realizar estudios de los brotes para determinar la causa y proponer medidas.

73. a) Una bacteria patógena.

74. b) Para detectar rápidamente la causa.

75. d) Debe cumplir las condiciones expuestas en a), b) y c).

76. a) Una ración individual de como mínimo de 100 g.

77. b) Clase de microorganismos que se tratarán de detectar y cuantificar, y niveles aceptable.

78. a) Estableciendo los límites críticos.

79. b) Cuando se han implantado medidas correctoras.

80. c) 70 ºC.

81. d) Todas las respuestas son correctas.

82. c) 30 ºC y 40 ºC.

83. d) Se emplatarán en las mismas condiciones.

84. b) A 80 ºC durante al menos 10 minutos.

85. d) Las respuestas b) y c) son correctas.

86. b) Una enfermedad producida por el acúmulo de plomo consumido.

87. a) 7 días mínimos.

88. a) Contaminación en origen.

89. d) Todas las respuestas son correctas.

90. b) Mercurio.

91. a) Prelavado, limpieza y desinfección, enjuague final.

92. c) Pavimentadores.

93. a) Un desinfectante, derivado del cloro.

94. d) Determinar el aspecto del producto acabado.

95. d) Todas.

96. d) Tensioactivos aniónicos con tensioactivos catiónicos.

97. a) Lavado.

98. d) Todas las respuestas son correctas.

99. b) Mejorando la acción química.

100. c) No iónicos.

101. d) Todas las respuestas son correctas.

102. b) Riesgos de seguridad.

103. c) Corrosivos.

104. d) Las respuestas a) y b) son correctas.

105. b) Consejos de prudencia e indicaciones de peligro.

106. a) Físicos, para la salud y para el medio ambiente.

107. d) Sustancias o mezclas líquidas o sólidas que, aun en pequeñas cantidades, pueden inflamarse al cabo de 5 minutos de entrar en contacto con el aire.

108. d) Todas las respuestas son correctas.

109. b) Indicación de peligro.

110. c) Peligro indeterminado.

111. c) Comburentes.

112. b) Solución detergente.

113. d) Se emplearán a la vez la acción detergente y la acción desinfectante.

114. c) Maderas nobles (roble, pino, cerezo…).

115. d) 4.

116. b) Detergentes ácidos.

117. c) Tensioactivos.

118. b) Fosfatos.

119. b) Dispersión.

120. b) Cuadrado y apoyado sobre un vértice.

121. c) Desinfectantes.

122. a) Un fenol.

123. a) Deberá cumplir el Reglamento sobre clasificación, envasado y etiquetado de preparados peligrosos vigente.

124. b) Enjuague.

125. c) Atención o warning.

126. c) Prelavado.

127. a) Iónico (aniónico o catiónico), no iónico o anfótero.

128. c) Hipoclorito sódico.

129. b) Al almacén para productos de limpieza.

130. d) Lo comunicará al encargado de la cocina para su retirada.

131. b) Un objeto inanimado que contiene partículas contaminadas y se sitúa en el entorno de la persona.

132. b) Asepsia.

133. c) Círculo de Sinner.

134. a) Jabón de vajilla.

135. b) Real Decreto 770/1999, de 7 de mayo.

136. c) Limpiador.

137. b) Dispersión.

138. a) Enzimas.

139. b) Guardar los líquidos peligrosos en recipientes abiertos.

140. a) Vía respiratoria.

141. c) Sustancias inflamables (IN).

142. d) Sin contacta con piel u/y ojos.

143. c) H300.

144. a) H360F.

145. c) De respuesta.

TEST N.º 5

El APPCC (Análisis de peligros y puntos críticos de control) como herramienta de seguridad alimentaria. Legislación básica

1. ¿En qué principios se basa el sistema de Análisis de Peligros y Puntos de Control Crítico (APPCC)?

a) Análisis y localización de los riesgos.
b) Determinación de los puntos críticos.
c) Definición, aplicación y verificación de procedimientos eficaces de control y seguimiento.
d) Todas las opciones son correctas.

2. La formación de los manipuladores de alimentos la podrá impartir:

a) La propia empresa alimentaria.
b) Otras entidades que ofrezcan este servicio.
c) Centros de formación profesional o educación reconocidos por los organismos oficiales dentro de su formación reglada.
d) Todas son correctas.

3. ¿Qué es la desinsectación?

a) Destrucción de microorganismos, procedimientos o agentes físicos o químicos, de forma que se reduzca el número de microorganismos.
b) Destrucción de insectos, mediante procedimientos exclusivamente por agentes físicos.
c) Destrucción de insectos, mediante procedimientos o agentes físicos o químicos.
d) Destrucción de insectos, mediante procedimientos exclusivamente con agentes-químicos.

4. En los concursos de suministros que realice el centro hospitalario, para poder ser seleccionado un proveedor, ¿qué requisito deberá cumplir?

a) Poseerá el nº de Registro General Sanitario de Alimentos en vigor.
b) Deberá tener implantado y aplicado un sistema APPCC.

c) Permitirá auditorías a sus instalaciones por personal designado por el centro hospitalario.

d) Todas las respuestas anteriores son correctas.

5. ¿Quién tiene la responsabilidad de poner en el mercado alimentos seguros en una empresa alimentaria?

a) La Administración.

b) La Empresa Alimentaria.

c) El trabajador.

d) La Empresa Alimentaria y el trabajador.

6. En las instalaciones donde se manipulan alimentos, está:

a) Prohibido fumar, comer, mascar chicle, escupir o cualquier cosa no higiénica que pueda contaminar los alimentos.

b) Prohibido fumar, pero sí se puede comer.

c) No se puede mascar chicles, pero se puede comer.

d) Está prohibido mascar chicle, pero se puede fumar.

7. El sistema de APPCC tiene como objetivo:

a) Establecer un plan de emergencia para el caso de incendio.

b) Identificar, valorar y controlar los peligros sanitarios e higiénicos asociados al conjunto y a cada una de las fases de la cadena alimentaria.

c) Analizar las pautas de comportamiento de los trabajadores.

d) Ninguna de las anteriores respuestas es la correcta.

8. El sistema de APPCC está basado en:

a) Dos principios.

b) Tres principios.

c) Seis principios.

d) Siete principios.

9. La verificación del sistema de APPCC debe realizarse:

a) Periódicamente, con el fin de asegurar que los puntos de control crítico están bajo control.

b) Cuando existan dudas de la seguridad del producto.

c) Cuando se hagan modificaciones en el Plan APPCC.

d) Todas las respuestas son correctas.

10. Es, entre otras, función del coordinador del equipo de implantación del sistema de APPCC:

a) La organización de las reuniones.

b) La elaboración de menús.

c) El registro de las decisiones del equipo.

d) Las opciones a) y c) son correctas.

11. El establecimiento de un sistema de registro o documentación de los planes relativos a los sistemas de APPCC, permite:

a) Mostrar las incidencias ocurridas, la toma de decisiones y comprobar si el sistema está funcionado con eficacia.

b) Comprobar la salubridad de los alimentos.

c) Determinar quién realiza la vigilancia del sistema.

d) No es uno de los principios en los que se basa el sistema de APPCC.

12. ¿Qué se entiende por "trazabilidad"?

a) La posibilidad de encontrar y seguir el rastro, a través de todas las etapas de la producción, transformación y distribución de un alimento.

b) La información contenida en la etiqueta de un producto alimenticio.

c) Las fases de la producción de un alimento hasta que está listo para su venta y consumo.

d) La posibilidad de encontrar el rastro de un alimento a partir del momento en que se comercializa.

13. Cuando se describe la vida del producto y los procedimientos utilizados, ¿de qué tipo de trazabilidad hablamos?

a) Trazabilidad hacia atrás.

b) Trazabilidad de proceso.

c) Trazabilidad hacia delante.

d) Todas las respuestas son correctas.

14. ¿Quién será responsable del Plan General de Higiene?

a) Una persona o cargo específico de la empresa.

b) Una persona externa a la empresa.

c) Siempre el Jefe de cocina.

d) No hay un responsable del plan.

15. El manipulador de alimentos deberá lavarse las manos frecuente y cuidadosamente con jabón líquido, agua caliente y cepillado de uñas, aclarándolas y secándolas con toallas de un solo uso. Se lavará siempre:

a) Al comenzar la jornada.

b) Antes y después de usar los servicios higiénicos.

c) Después de tocarse el pelo, la nariz o la boca.

d) Todas las respuestas anteriores son correctas.

16. ¿Cuál es el objetivo principal del Plan de limpieza y desinfección (L+D) de una empresa alimentaria?

a) Asegurar que el estado de limpieza y desinfección de locales, equipos y útiles de la empresa alimentaria, previenen cualquier posibilidad de contaminación.
b) Garantizar que el agua que se utiliza en la empresa alimentaria no afecta a la salubridad y seguridad de los productos alimenticios.
c) Evitar la existencia de cualquier plaga.
d) Todas son correctas.

17. ¿Cómo se hará la descripción del producto en el sistema APPCC?

a) A través de diagramas de flujo.
b) Con fichas normalizadas que contengan todos los datos e información requerida.
c) Mediante tablas de datos.
d) No es necesaria la descripción del producto.

18. ¿Qué datos se incluirán en el análisis de peligros?

a) La probabilidad de que surjan peligros y la gravedad de sus efectos perjudiciales para la salud.
b) La evaluación cualitativa y/o cuantitativa de la presencia de peligros.
c) La supervivencia o proliferación de los microorganismos involucrados.
d) Todos los anteriores.

19. ¿Cuándo se establecen medidas correctoras en el sistema APPCC?

a) Cuando los resultados obtenidos del sistema de vigilancia pueda establecer puntos de control crítico.
b) Cuando en los resultados obtenidos del sistema de vigilancia se detecten desviaciones.
c) Siempre después del proceso de verificación.
d) Al seleccionar los proveedores.

20. ¿Cuál es la Ley de seguridad alimentaria y nutrición?

a) Ley 18/2008.
b) Ley 17/2011.
c) Ley 16/2012.
d) Ley 3/2000.

21. ¿A quién se aplica la Guía de Buenas Prácticas de Manipulación?

a) A la Administración.
b) A todos los profesionales implicados.

c) Al personal sanitario.
d) Al consumidor.

22. ¿Durante cuánto tiempo como mínimo deben archivarse los Planes Generales de Higiene (PGH)?

a) Anualmente.
b) Por un periodo de dos años.
c) Cada cocina establece su tiempo.
d) No hace falta archivarlos, es un documento vivo.

23. ¿Qué medidas garantizarán el abastecimiento de agua potable en cocina?

a) Pozos.
b) Descalcificadores en todas las entradas de agua.
c) Instalaciones disponibles y dispositivos que eviten la contaminación de agua.
d) Todas las respuestas son ciertas.

24. ¿Para qué se identifican los lotes?

a) Para que la etiqueta se reconozca.
b) Para tener una referencia para los pedidos.
c) Para asociar cada lote a los controles y registros.
d) Para conocer los datos del proveedor.

25. Entre los PGH mínimos que deben estar implantados en un Servicio de alimentación, se encuentran:

a) Plan de limpieza y desinfección.
b) Plan de eliminación de residuos y aguas residuales.
c) Plan de control de proveedores.
d) Todas las respuestas previas son correctas.

Solución al test n.º 5

1. d) Todas las opciones son correctas.

2. d) Todas son correctas.

3. c) Destrucción de insectos, mediante procedimientos o agentes físicos o químicos.

4. d) Todas las respuestas anteriores son correctas.

5. b) La Empresa Alimentaria.

6. a) Prohibido fumar, comer, mascar chicle, escupir o cualquier cosa no higiénica que pueda contaminar los alimentos.

7. b) Identificar, valorar y controlar los peligros sanitarios e higiénicos asociados al conjunto y a cada una de las fases de la cadena alimentaria.

8. d) Siete principios.

9. d) Todas las respuestas son correctas.

10. d) Las opciones a) y c) son correctas.

11. a) Mostrar las incidencias ocurridas, la toma de decisiones y comprobar si el sistema está funcionado con eficacia.

12. a) La posibilidad de encontrar y seguir el rastro, a través de todas las etapas de la producción, transformación y distribución de un alimento.

13. b) Trazabilidad de proceso.

14. a) Una persona o cargo específico de la empresa.

15. d) Todas las respuestas anteriores son correctas.

16. a) Asegurar que el estado de limpieza y desinfección de locales, equipos y útiles de la empresa alimentaria, previenen cualquier posibilidad de contaminación.

17. b) Con fichas normalizadas que contengan todos los datos e información requerida.

18. d) Todos los anteriores.

19. b) Cuando en los resultados obtenidos del sistema de vigilancia se detecten desviaciones.

20. b) Ley 17/2011.

21. b) A todos los profesionales implicados.

22. b) Por un periodo de dos años.

23. c) Instalaciones disponibles y dispositivos que eviten la contaminación de agua.

24. c) Para asociar cada lote a los controles y registros.

25. d) Todas las respuestas previas son correctas.

TEST N.º 6

Seguridad alimentaria. Alérgenos principales. Las alergias asociadas a la alimentación. Intolerancias alimenticias. Normativa básica

1. ¿Qué es una hipersensibilidad a los alimentos?

a) La reacción adversa por sustancias no tóxicas que depende de la susceptibilidad de cada persona a un alimento.
b) Una reacción adversa generalizada por el consumo de alimentos.
c) Respuesta al consumo de venenos.
d) Ninguna respuesta es correcta.

2. ¿Cuál no es una reacción adversa a los alimentos no tóxica?

a) Alergia.
b) Intolerancia.
c) Toxiinfección.
d) Todas las respuestas son correctas.

3. ¿Cómo se denominan las proteínas que provocan una respuesta inmunitaria que se da en al menos un 50 % de los pacientes sensibles?

a) Alérgenos mayores.
b) Alérgenos menores.
c) Alergias.
d) Antígenos.

4. ¿En qué caso se origina una alergia alimentaria?

a) Cuando el alérgeno presente en el alimento desencadena una reacción inmunitaria en el organismo.
b) Cuando el alérgeno presente en el alimento desencadena una reacción no inmunitaria en el organismo.
c) Cuando el alérgeno alimentario no provoca ninguna reacción.
d) Ninguna respuesta es correcta.

5. ¿Qué es la reactividad cruzada?

a) Implica la aparición de síntomas sin que haya existido contacto previo con el alérgeno específico.

b) ocurre cuando una persona toma un alimento que contiene alérgenos de gran similitud a otro al que ha estado expuesto.

c) Ocurre al ingerir otro alimento diferente pero con un alérgeno similar.

d) Todas las respuestas son correctas.

6. ¿Qué proteínas son alérgenos de la leche?

a) Lactoalbúmina.

b) Seroalbúmina.

c) Caseína.

d) Todas las respuestas son correctas.

7. ¿Qué parte del huevo es más alérgeno?

a) Clara.

b) Yema.

c) Cáscara.

d) Todas las partes por igual.

8. ¿Qué alérgeno no está presente en el pescado?

a) Anisakis.

b) Proteína del pescado.

c) Proteína ovomucoide.

d) Proteína del músculo del pescado.

9. ¿Cuál de estas especies puede estar infestada por anisakis?

a) Pescadilla.

b) Bacalao.

c) Pulpo.

d) Cualquiera de las anteriores.

10. ¿Diga qué es falso sobre el marisco?

a) Son frecuentes las reacciones alérgicas a los mariscos.

b) Los alérgenos son diversas proteínas específicas de cada marisco.

c) Los alérgenos del marisco se transfieren al agua de cocción.

d) No se da reactividad cruzada.

11. Indica la respuesta correcta sobre la soja:

a) La respuesta alérgica no se produce por vía inhalatoria.
b) Se han descrito reacciones cruzadas con los cacahuetes.
c) Algunos de los alimentos en los que puede estar presente son la comida asiática y la harina de trigo.
d) Se han descrito reacciones cruzadas con las verduras.

12. ¿Qué enfermedad es el "asma del panadero"?

a) Alergia alimentaria al pescado.
b) Reacción adversa al gluten.
c) Alergia alimentaria por cereales.
d) Enfermedad autoinmune.

13. ¿Cuáles son síntomas frecuentes de la alergia?

a) Urticaria.
b) Nauseas.
c) Tos irritativa.
d) Todas las respuestas son correctas.

14. ¿Qué mecanismos pueden producir una intolerancia alimentaria?

a) Enzimáticos.
b) Farmacológicos.
c) Sustancias presentes en el alimento que resultan perjudiciales.
d) Todos los anteriores.

15. ¿Qué es la enfermedad celíaca?

a) Intolerancia al gluten.
b) Intolerancia a las proteínas en general.
c) Enfermedad autoinmune.
d) Ninguna respuesta es correcta.

16. ¿Cuántos alérgenos especifica la Unión Europea?

a) 12.
b) 13.
c) 14.
d) 15.

17. ¿Qué es un factor de peligro físico de un alimento?

a) Un agente extraño que se encuentran de manera accidental en un alimento.
b) Se trata de objetos, que no deberían formar parte del producto alimenticio.

c) Es cualquier material, que no debe estar presente en el alimento.
d) Todas son correctas.

18. ¿Cuál de los siguientes no es un factor de peligro en un alimento?

a) Insectos.
b) Pelo.
c) Huesos.
d) Azúcar.

19. ¿Cuál puede ser una consecuencia de encontrar un objeto en la comida?

a) Rotura de piezas dentales.
b) Cortes o pinchazos en la boca.
c) Problemas digestivos.
d) Todas son correctas.

20. Los contaminantes químicos más habituales en los alimentos son:

a) Micotoxinas.
b) Azucares elevados.
c) Grasas de mala calidad.
d) Objetos extraños.

21. Las Aflatoxinas (*Aspergillus flavus y Aspergillus parasiticus*):

a) Son micotoxinas producidas por hongos del género *Aspergillus*.
b) Son un grupo de toxinas producidas por hongos del género Fusarium.
c) Se encuentra con frecuencia en derivados de la manzana, como los zumos y la sidra.
d) Es una micotoxina producida por varias especies de hongos en el arroz, y que tiene efectos nefrotóxicos.

22. Las micotoxinas presentes en los alimentos pueden afectar la salud de las personas produciendo:

a) Cáncer y mutaciones.
b) Problemas gastrointestinales.
c) Problemas renales.
d) Todas son correctas.

23. ¿Cuáles son las principales toxinas de origen natural?

a) Los alcaloides.
b) Metales pesados.
c) Nitratos.
d) Acrilamidas.

24. El etilcarbamato:

a) Es un compuesto que se forma en los alimentos al ser tratados con calor.
b) Llega a los alimentos desde los materiales que entran en contacto con el mismo, o como resultado del uso de productos químicos fitosanitarios o veterinarios.
c) Se produce de manera natural en alimentos y bebidas fermentadas, especialmente las alcohólicas.
d) Es una sustancia química que se aplica en los cultivos para protegerlos de las plagas.

25. ¿Con que finalidad se añaden materiales activos e inteligentes a los alimentos?

a) Aromatizar y mejorar el aspecto del alimento.
b) Prolongar su vida útil, mantenerlo o mejorar el estado de los alimentos envasados.
c) Para garantizar la protección de la salud del consumidor.
d) Todas son correctas.

26. Los aromas alimentarios:

a) Se utilizan para modificar el aroma y textura del alimento.
b) Se utilizan para modificar el olor y el sabor del alimento.
c) Se utilizan para modificar el olor y el color del alimento.
d) Se utilizan para modificar el olor y la textura del alimento.

27. Las enzimas alimentarias:

a) Son proteínas con función catalizadora.
b) Son proteínas con función anabólica.
c) Son hidratos de carbono de cadena larga.
d) Son lípidos con función regeneradora.

28. Según el Reglamento (UE) 2117/2158 de la Comisión, de 20 de noviembre de 2017 por el que se establecen medidas de mitigación y niveles de referencia para reducir la presencia de acrilamida en los alimentos; de los siguientes alimentos opte por aquel o aquellos que están afectados por las medidas de mitigación en restauración para reducir la presencia de acrilamida:

a) El pan.
b) Las carnes a la brasa.
c) Los pescados al horno.
d) El pescado ahumado.

Solución al test n.º 6

1. a) La reacción adversa por sustancias no tóxicas que depende de la susceptibilidad de cada persona a un alimento.

2. c) Toxiinfección.

3. a) Alérgenos mayores.

4. a) Cuando el alérgeno presente en el alimento desencadena una reacción inmunitaria en el organismo.

5. d) Todas las respuestas son correctas.

6. d) Todas las respuestas son correctas.

7. a) Clara.

8. c) Proteína ovomucoide.

9. d) Cualquiera de las anteriores.

10. d) No se da reactividad cruzada.

11. b) Se han descrito reacciones cruzadas con los cacahuetes.

12. c) Alergia alimentaria por cereales.

13. d) Todas las respuestas son correctas.

14. d) Todos los anteriores.

15. a) Intolerancia al gluten.

16. c) 14.

17. d) Todas son correctas.

18. d) Azúcar.

19. d) Todas son correctas.

20. a) Micotoxinas.

21. a) Son micotoxinas producidas por hongos del género *Aspergillus.*

22. d) Todas son correctas.

23. a) Los alcaloides.

24. c) Se produce de manera natural en alimentos y bebidas fermentadas, especialmente las alcohólicas.

25. b) Prolongar su vida útil, mantenerlo o mejorar el estado de los alimentos envasados.

26. b) Se utilizan para modificar el olor y el sabor del alimento.

27. a) Son proteínas con función catalizadora.

28. a) El pan.

TEST N.º 7

Las materias primas. Identificación, clasificación, características principales. Limpieza y desinfección. Preelaboraciones. Aplicaciones culinarias

1. ¿Cómo se elaboran los huevos a «la poèle»?

a) Fritos.
b) Cocidos.
c) Al horno.
d) Hirviendo en vinagre.

2. ¿Qué ingredientes lleva la salsa pesto?

a) Carne picada, tomate, ajo, cebolla, sal y aceite de oliva.
b) Aceite de oliva, albahaca, ajo, sal, piñones y queso parmesano.
c) Panceta, aceite de oliva, ajo, huevos, queso parmesano, sal y pimienta.
d) Tomate, ajo, cebolla, aceite de oliva, sal y guindilla.

3. ¿Qué salsa de las siguientes es picante?

a) Carbonara.
b) Arrabiata.
c) Pesto.
d) Boloñesa.

4. ¿Cómo se obtiene el arroz glaseado?

a) A partir del arroz blanco sin pericarpio, tratado con glucosa y/o talco para usos alimenticios.
b) A partir del arroz blanco tratado con parafina líquida o con aceites, ambos aptos para el consumo humano.
c) Es sometido a tratamiento para aumentar su valor nutritivo.
d) Resultado de distintos grados de trituración de trocitos de arroz muy blanqueados.

5. ¿Qué textura tiene el risotto?

a) Caldosa.
b) Cremosa.
c) Seca.
d) Aglutinado.

6. Los huevos en cocote:

a) Son huevos que se introducen en un pequeño recipiente de cerámica.
b) Son también llamados huevos al plato.
c) Son huevos a la plancha.
d) Son huevos hilados.

7. ¿Cómo se cuecen las pastas?

a) En abundante agua sin sal.
b) Con una cucharada de aceite para que no se peguen, especialmente si se va a servir inmediatamente.
c) Sin remover durante la cocción.
d) Durante un tiempo prolongado, superior a media hora.

8. ¿De dónde se extrae el medallón de pescado?

a) Del lomo de los pescados planos.
b) Del lomo de los pescados cilíndricos.
c) De la región dorsal.
d) De la cola.

9. ¿Cómo se elabora el pescado a la meniére?

a) Se sazona de sal y pimienta, se pasa por harina y se fríe en aceite.
b) Se sazona con ajo molido, se pasa por leche y huevo, y se fríe en mantequilla.
c) Se sazona con sal, se pasa por huevo y harina, y se fríe en aceite.
d) Se sazona de sal y pimienta, se pasa por leche, huevo y harina, y se fríe con mantequilla clarificada.

10. ¿Cuál es la carne con grasa de la parte ventral del cerdo?

a) Codillo.
b) Jamón.
c) Aguja.
d) Panceta.

11. En el despiece del cerdo ibérico, ¿de dónde se saca la "presa"?

a) De la porción anterior al lomo.
b) De la porción adosada a la escápula.
c) De la parte final o posterior del lomo.
d) Del extremo superior de la falda, próximo al cabecero.

12. De los siguientes productos, ¿cuáles no son derivados de la leche?

a) Nata y mantequilla.
b) Queso y requesón.
c) Sueros lácteos.
d) Cafeína.

13. Señala cuál de las siguientes afirmaciones es correcta:

a) La canal incluye la carne y todas las vísceras del animal.
b) Los derivados cárnicos son productos alimenticios preparados total o parcialmente con carnes o despojos sometidos a operaciones específicas.
c) Los productos tales como solomillo, entrecot, bistec, chuletas, etc., se consideran derivados cárnicos.
d) Todas las respuestas anteriores son correctas.

14. El Código Alimentario Español, dentro del grupo de "pescados", incluye los siguientes:

a) Aquellos animales que viven en el agua y son comestibles.
b) Exclusivamente a los vertebrados marinos.
c) Exclusivamente a los vertebrados de agua dulce.
d) Todos excepto las ballenas, por ser mamíferos.

15. ¿Cuál de las siguientes afirmaciones es falsa?

a) El pescado tiene menos grasas saturadas y menos colesterol que algunas carnes.
b) El pescado azul tiene mayor valor calórico que el blanco.
c) El pescado fresco tiene mayor valor nutritivo que el congelado.
d) Todas son falsas.

16. ¿Cuándo se considera que un huevo es fresco?

a) Cuando se mantiene en cámaras a temperatura no superior a 4 ºC durante un tiempo inferior a 30 días.
b) Cuando está conservado por encima de 0 ºC durante una semana como máximo.
c) Sólo se considera fresco el huevo recién puesto.
d) Cuando no ha sido refrigerado ni conservado por ningún método.

17. Un huevo que ha sido incubado se dice que es un huevo:

a) Fresco.
b) Defectuoso.
c) Averiado.
d) Podrido.

18. ¿Qué tipo de alimento son las habas?

a) Frutos.
b) Legumbres.
c) Bulbos.
d) Frutas.

19. ¿Cómo se denomina el tocino entreverado que ha sido sometido a operaciones de ahumado, salazón o adobo?

a) Panceta.
b) Bacón.
c) Papada.
d) Lomo.

20. ¿Qué tipo de aditivo es el E-122 carmoisina?

a) Potenciador del sabor.
b) Conservante.
c) Colorante.
d) Espesante.

21. ¿Qué tratamiento recibirá la leche destinada para el consumo de colectividades?

a) Ninguno, porque la leche cruda es muy nutritiva.
b) Debe recibir algún tratamiento térmico.
c) Será siempre leche especial sin tratar.
d) Todas las respuestas son correctas.

22. ¿Cómo se denomina la leche modificada por acción microbiana?

a) Leche enriquecida.
b) Leche desnatada.
c) Leche fermentada.
d) Leche adicionada de aromas.

23. Señala cuál de las siguientes afirmaciones es correcta:

a) La leche esterilizada es leche natural, sometida a un proceso tecnológico tal, que asegure la destrucción de los microorganismos y la inactividad de sus formas de resistencia.

b) La leche evaporada es leche esterilizada a la que se le añade agua.

c) Leche condensada es la leche higienizada y concentrada por eliminación de agua, sin añadirle azúcares.

d) Leche en polvo es aquella que se congela y posteriormente se tritura.

24. Según su composición podemos decir que hay natas de los siguientes tipos:

a) Batidas o montadas.

b) De vaca, oveja o cabra.

c) Doble nata, delgada o ligera.

d) Todas son correctas.

25. ¿Qué es la caseína?

a) Líquido formado por parte de los componentes de la leche.

b) Es el principal componente proteico de la leche.

c) Producto obtenido precipitando las proteínas en medio ácido, por el calor.

d) Ninguna es correcta.

26. ¿Cómo se denomina al pollo castrado y bien cebado?

a) Gallina.

b) Pichón.

c) Capón.

d) Lechón.

27. Si un huevo tiene la clara de color verdoso, ¿qué le ocurre?

a) Se desechará.

b) Está defectuoso.

c) Es un huevo de oca.

d) Está en perfectas condiciones.

28. ¿Cuáles de las siguientes hortalizas son bulbos?

a) Berenjena, guindilla, pimiento.

b) Ajo, cebolla y puerro.

c) Ajo, guisante y lombarda.

d) Berenjena, cebolleta y berro.

29. ¿Qué tipo de alimento es la patata?

a) Un bulbo.
b) Una legumbre.
c) Un fruto.
d) Un tubérculo.

30. ¿Qué grupo de alimentos es el más rico en lípidos?

a) Aceites y grasas.
b) Verduras y hortalizas.
c) Carnes.
d) Pescados.

31. Según el Código Alimentario Español, ¿en qué grupo de alimentos se incluye al tomate?

a) Verduras.
b) Hortalizas.
c) Frutas carnosas.
d) Frutos oleaginosos.

32. ¿Qué es un producto sucedáneo?

a) Todo producto que tiene un sabor distinto al esperado.
b) Todo producto que sustituye un alimento por otro, sin que el consumidor lo note.
c) Todo producto que, sin fines engañosos o fraudulentos, pretenda sustituir en todo o en parte a un alimento.
d) Producto esencial en la dieta.

33. ¿A qué tipo de tratamiento habrá sido sometida una leche concentrada?

a) Eliminación de agua.
b) Eliminación de grasa.
c) Adición de nutrientes.
d) Adición de estimulantes.

34. ¿Cuál de los siguientes es un encurtido?

a) Carne de lomo macerada y ahumada.
b) Anchoas saldas.
c) Coliflor y zanahoria curadas en salmuera, y conservadas en vinagre y sal.
d) Beicon.

35. ¿Qué peso tienen los huevos de tamaño L?

a) 43-53 g.
b) 53-63 g.

c) 63-73 g.
d) 73-83 g.

36. Según el Código Alimentario Español, ¿cómo se clasifican el tirabeque?

a) Legumbre verde.
b) Legumbre seca.
c) Tallo.
d) Fruto.

37. ¿Qué características fruta confitada?

a) La acidez total excederá el 14 %.
b) La acidez total no excederá el 14 %.
c) No podrá contener sal.
d) Es el producto obtenido por la cocción reiterada de los frutos en jarabes.

38. La denominación genérica de leche se aplica a:

a) La leche de oveja.
b) La leche de vaca.
c) La leche de cabra.
d) La leche de burra.

39. ¿Cuál de los siguientes alimentos es un embutido de carne?

a) Chorizo.
b) Salchicha.
c) Salchichón.
d) Todas son correctas.

40. ¿Cuál de los siguientes alimentos se considera un derivado de la carne?

a) Babilla.
b) Tapa.
c) Tocino.
d) Patas.

41. La doble nata contiene:

a) Un 18 % en peso de grasa.
b) Un 50 % en peso de grasa.
c) Un 30 % en peso de grasa.
d) Un mínimo de un 70 % en peso de grasa.

42. ¿Cuál de los siguientes pertenece a la espacie de Bóvido?

a) Novillo.
b) Buey.
c) Ternera.
d) Todos los anteriores.

43. Las hortalizas destinadas al consumo fresco deben:

a) Estar recién recolectadas.
b) Estar exentas de artrópodos.
c) Estar exentas de lesiones o traumatismos.
d) Todas las anteriores.

44. ¿Cómo se denomina la grasa que procede del fruto del cocotero adecuadamente refinado de consistencia pastosa, o fluida, según la temperatura ambiente, de color blanco o de marfil?

a) Manteca de palma.
b) Manteca de cacao comestible.
c) Manteca de coco.
d) Aceite de palmiste.

45. La manteca en rama o en pella:

a) Es el producto obtenido por fusión de las grasas de depósito del ganado vacuno sacrificado en perfectas condiciones sanitarias.
b) Es la grasa que recubre los riñones del cerdo, mesenterios y epiplones, extraída directamente del animal.
c) Es la grasa obtenida calentando las grasas del cerdo a una temperatura máxima de 80 grados centígrados y depositados luego en moldes de los que toma su forma al enfriarse.
d) Es la grasa procedente de trozos de grasa recogida en el despiece y recortes, sometidos a la acción directa del vapor de agua.

46. ¿Qué es falso sobre el cuajo?

a) En su elaboración se permite la adición de manteca de cerdo.
b) En su elaboración se permite la adición de sal.
c) Se obtiene del ganado porcino.
d) Es un derivado de las grasas.

47. ¿Qué son los aditivos alimentarios?

a) Sustancias que se añaden a los alimentos, de manera intencionada, con el objetivo de modificar o mejorar sus cualidades.
b) Sustancias que se añaden a los alimentos, de manera intencionada, sin que se modifiquen sus cualidades.

c) Sustancias presentes en el alimento de manera accidental.
d) Son los principales ingredientes de cualquier alimento conservado.

48. ¿Qué son los alimentos de primera gama?

a) Alimentos crudos.
b) Alimentos conservados.
c) Productos congelados no cocinados.
d) Productos limpios precocinados y envasados.

49. ¿Qué son los alimentos se cuarta gama?

a) Alimentos conservados.
b) Productos congelados no cocinados.
c) Productos limpios y envasados.
d) Productos crudos.

50. ¿A qué gama pertenecen los alimentos totalmente preparados, cocinados, envasados al vacío y refrigerados?

a) Segunda.
b) Tercera.
c) Cuarta.
d) Quinta.

51. ¿A qué gama pertenece el pescado congelado, que no ha sido cocinado previamente?

a) 1.
b) 2.
c) 3.
d) 4.

52. ¿A qué gama pertenece una ensalada envasada en atmósfera controlada?

a) Primera gama.
b) Segunda gama.
c) Cuarta gama.
d) Quinta gama.

53. Unos melocotones se comercializan en un envase de cartón cubierto por un material plástico sobre el que hay unas pequeñas perforaciones. ¿A qué gama de alimentos pertenece este producto?

a) Primera gama.
b) Segunda gama.

c) Tercera gama.
d) Cuarta gama.

54. ¿Cuál de los siguientes tipos de pescados es el más rico en grasa?

a) Blanco.
b) Ahumado.
c) Azul.
d) Crudo.

55. ¿Cuál de las siguientes características indican que un pescado blanco es fresco?

a) Branquias de color vivo, sin mucosidad.
b) Ojos convexos y opacos.
c) Carne de consistencia blanda.
d) Todas las respuestas son correctas.

56. Indica la respuesta incorrecta sobre el marisco congelado:

a) Debe conservarse a -23ºC.
b) Presentarán al corte una carne compacta.
c) Al descongelarlo presentarán el aspecto, la consistencia y el olor de los frescos.
d) Todas las respuestas son incorrectas.

57. ¿De dónde se obtiene el azúcar?

a) De la remolacha.
b) De la caña.
c) De la fruta.
d) Las respuestas a) y b) son correctas.

58. ¿Qué es el salvado?

a) Son cereales a los que tan solo se les ha quitado la cáscara.
b) Cáscara del grano de cereal desmenuzada por la molienda.
c) Parte de la semilla de la que nacerá los brotes de la nueva planta.
d) Cereales cocidos al vapor y aplanados.

59. ¿Qué es el altramuz?

a) Un cereal.
b) Una legumbre
c) Una hortaliza.
d) Un animal.

60. Es una función de los aditivos:

a) Mantener la disponibilidad de alimentos fuera de temporada.
b) Contribuir a la conservación.
c) Mejorar la aceptación del consumidor.
d) Todas son correctas.

61. ¿Qué ventaja tiene el uso de aditivos?

a) Preserva la calidad nutricional.
b) Disminuye la estabilidad de conservación.
c) Cambia sus propiedades organolépticas, llevando a error al consumidor.
d) Todas las respuestas son correctas.

62. ¿Cómo se define la ración neta?

a) La ración neta se entiende limpia de grasas, huesos, espinas, etc., que se sitúa entre ciento cincuenta y ciento ochenta gramos por persona, salvo algún tipo de corte especial o pieza de ración.
b) La ración neta se entiende limpia de grasa, huesos y espinas. Se sitúa en todo caso entre 250 y 500 gramos.
c) No se puede definir la ración neta porque depende del tipo de producto.
d) La ración neta se define como la pieza de tamaño pequeño que no supere los 250 gramos.

63. ¿Cómo se denomina el fraccionado de los trozos o filetes de carne en porciones de tamaño reducido, mediante máquina o instrumentos cortantes adecuados?

a) Troceado.
b) Fileteado.
c) Picado.
d) Oreo.

64. Si al pelar una hortaliza se ennegrece, ¿qué debemos hacer?

a) Meterla en agua con unas gotas de limón.
b) Restregarla con sal.
c) Limpiarla con unas gotas de lejía.
d) Envolverla en papel de aluminio durante 10 minutos.

65. Es aconsejable lavar las hortalizas que se consumen crudas:

a) Con agua salada.
b) Con agua y unas gotas de lejía.
c) Solamente con agua.
d) Con agua a la que se le añaden unas gotas de limón.

66. En la preparación básica de:

a) Los tomates, se deberá quitar la piel en todos los casos.

b) Las alcachofas, una vez eliminadas las hojas exteriores, se meterán en agua con lejía para evitar su ennegrecimiento.

c) La remolacha roja, se lavará primero sin cortar las ramas o tallos con los que vienen.

d) Las acelgas, solo se utilizarán las hojas, desprendiéndoles los tallos, por no tener ningún valor nutritivo.

67. En cuanto a la judía verde:

a) Solo se aprovecha la vaina.

b) Se limpiará eliminando los filamentos que unen ambas caras de la vaina.

c) La corola leñosa que le sirve para sujetarse a la mata puede usarse como condimento.

d) Una vez pelada se limpiará con agua y abundante sal.

68. Los ajos:

a) Son usados para la elaboración de encurtidos, con sales y aceites.

b) Son bulbos, semillas que crecen sobre tierra, necesitando gran cantidad de agua para su crecimiento.

c) A los dientes se les deberá quitar siempre la película que los protege pues esta es muy dañina.

d) Todas son incorrectas.

69. ¿A qué es debido el ennegrecimiento que presentan algunas hortalizas cuando se les quita la piel protectora?

a) Al alto contenido en agua.

b) A los productos fertilizantes con los que son tratados.

c) A las bacterias y enzimas.

d) A la oxidación.

70. ¿Cuál de los siguientes sistemas es correcto para el pelado de verduras?

a) Con cuchillo o con máquina peladora.

b) Por escaldado.

c) Por asado.

d) Todas las respuestas son correctas.

71. ¿Qué son alcauciles?

a) Judías.

b) Alcachofas.

c) Guisantes.
d) Habas.

72. ¿Cómo es el corte brunoise?

a) Dados pequeños.
b) Láminas.
c) Tiras finas.
d) A gajos.

73. En la preparación de aves, ¿a qué llamamos "albardado"?

a) A la eliminación de las plumas.
b) A sujetar las carnes crudas de ave para mejorar su estética ante el comensal.
c) A envolver el ave en tiras de tocino, para evitar que se reseque al cocinarlo.
d) A eliminar patas, cabeza y cuello.

74. ¿Cómo es el corte de la patata paja?

a) Dados pequeños.
b) Muy fina, se corta con mandolina.
c) Muy gruesa, se corta con cuchillo.
d) Rodajas onduladas.

75. ¿Cuántas raciones aproximadas salen de 1 kg de salmón?

a) 2 raciones.
b) 3 raciones.
c) 4 raciones.
d) 5 raciones.

76. De un asado de carne con hueso, ¿qué peso constituye una ración?

a) 1 kg.
b) ½ kg.
c) ¼ kg.
d) 1/10 kg.

77. ¿Qué es falso sobre el trabajo en el área de pastelería?

a) Como el principal ingrediente que se usa es la harina, se debe usar con cuidado para no expandirla por el área.
b) Cuando se hacen helados de diferentes sabores, enjuagar con agua caliente lo que se está usando, para no mezclar los sabores.

c) Debe tener unos fregadores con agua fría y caliente para lavado de utensilios y materias primas.

d) Los utensilios a usar deben estar ordenados y protegidos.

78. ¿Qué partes no comestibles suelen retirarse de la carne?

a) Vasos sanguíneos.
b) Exceso de grasa.
c) Nervios y tendones.
d) Todas las respuestas son correctas.

79. ¿En qué parte de la vaca está el morrillo?

a) En la parte inferior de la pierna.
b) Entre el pecho y el cuello.
c) En la parte exterior de la paletilla.
d) Entre el lomo y el pescuezo.

80. ¿Cómo se cortan las patas de las aves?

a) A golpe de cuchillo.
b) Retorciendo manualmente.
c) Cortando alrededor de la rótula para luego tronchar.
d) Chamuscando.

81. ¿Qué corte del pescado lleva espina?

a) Lomo.
b) Medallón.
c) Suprema.
d) Ninguna respuesta es correcta.

82. ¿Qué parte de la judía verde es comestible?

a) La vaina.
b) La semilla interna.
c) El tallo.
d) Las respuestas a) y b) son correctas.

83. ¿Qué operaciones se realizan en la zona de carnes de la sección de preparación?

a) Fileteado.
b) Picado.
c) Limpieza de aves.
d) Todas las respuestas son correctas.

84. ¿Qué operación se realiza en la zona de preparación de pescado?

a) Pelado.
b) Escurrido.
c) Desespinado.
d) Todas son ciertas.

85. Durante la tarea de limpieza y preparación de las verduras, ¿dónde irán los desperdicios?

a) Se acumularán sobre la tabla de corte hasta el final de la jornada.
b) Se llevarán directamente al depósito intermedio, que será refrigerado.
c) Se retirarán enseguida de la zona de manipulación y se depositarán en un contenedor situado cerca.
d) Las respuestas a) y b) son correctas.

86. ¿Cómo se lavará la carne?

a) Bajo el chorro de agua cuando está troceada.
b) Con agua potable.
c) Solo cuando la canal está entera.
d) No se lavará la carne.

87. ¿Qué es la aleta?

a) Carne que está sobre las costillas.
b) Parte inferior de la pierna.
c) Parte situada sobre el esternón y parte de las costillas.
d) El cuello del animal.

88. ¿Cómo se denomina la parte del vacuno situada por encima de las costillas, que está más cercana al cuarto delantero?

a) Lomo alto.
b) Lomo bajo.
c) Solomillo.
d) Contra.

89. ¿Cuál es la carne con grasa de la parte ventral del cerdo?

a) Codillo.
b) Jamón.
c) Aguja.
d) Panceta.

90. ¿Cuál de los siguientes se denomina escalope?

a) Filete fino de tamaño pequeño, que se sirve salteado o breseado si se obtiene de piezas duras como redondo o contra.
b) Fracción de unos 125 gramos, que se puede obtener de distintas piezas.
c) Filete no muy grueso que se empana y fríe.
d) Porción gruesa que se obtiene del morcillo.

91. ¿Qué es el pelado de un ave?

a) Quitar las plumas.
b) Quitar la piel.
c) Quitar las patas y cabeza.
d) Todas las respuestas son correctas.

92. ¿Dónde harías la incisión en el pescado para eviscerar?

a) En la parte inferior.
b) En la parte superior.
c) En la parte dorsal.
d) En la parte posterior.

93. ¿Cómo es el corte de patata española?

a) Fina como una cerilla.
b) De un centímetro aproximadamente.
c) Muy gorda, rectangular y alargada.
d) Ninguna respuesta es correcta.

94. Indica cuál de las siguientes opciones con respecto al acondicionamiento de la materia prima es falsa:

a) Los elementos decorativos, no comestibles, que se introduzcan en la presentación de las comidas no deberán en ningún caso estar en contacto directo con las mismas.
b) Se debe evitar el contacto entre los alimentos crudos y las comidas preparadas durante la preparación de las mismas o durante su conservación.
c) Las comidas deberán prepararse con la menor anticipación posible al tiempo de consumo, salvo las que vayan a ser congeladas.
d) Deben cortarse sobre la misma tabla, carne cruda y carne cocinada.

95. ¿Cómo se denomina el conjunto de operaciones que realizamos antes del servicio en el establecimiento?

a) Manipulación o *non en place*.
b) Puesta a punto o *mise en place*.

c) Acondicionamiento.
d) Transformación primaria.

96. La limpieza de la materia prima es imprescindible:

a) Solo si va a ser sometida a tratamientos térmicos.
b) Solo si se va a consumir en crudo.
c) Tanto si va a ser sometida a tratamientos térmicos durante la cocción, o se va a consumir en crudo.
d) No es imprescindible la limpieza de la materia prima.

97. La limpieza de la materia prima se realiza para:

a) Eliminar potenciales microorganismos que pueden perjudicar la salud.
b) Eliminar impurezas procedentes de su origen, como puede ser tierra adherida.
c) Eliminar impurezas contraídas por la manipulación o/y transporte.
d) La limpieza de la materia prima se realizará por todo lo antes mencionado.

98. ¿Qué se permite en la preparación de la nata?

a) La adulteración por adición o sustracción de elementos propios o no de la leche.
b) La sustitución de la grasa por otras extrañas.
c) Ambas acciones están permitidas.
d) Nada de lo anterior está permitido.

99. ¿Qué equipamiento contiene el área de cocina caliente?

a) El área de cocina caliente debe tener un fregadero, para el lavado de ollas, sartenes, y todo el menaje utilizado en la cocina caliente.
b) Cámaras congeladora y refrigeradores.
c) Almacén de productos perecederos y frutas.
d) Todas son correctas.

100. ¿Qué pieza de la media canal no pertenece al cuarto delantero del ganado vacuno?

a) Aleta.
b) Morrillo.
c) Solomillo.
d) Morcillo.

101. ¿Qué pieza del cuarto delantero del vacuno es la parte situada sobre el esternón y parte de las costillas?

a) Aleta.
b) Morcillo.

c) Aguja.
d) Llana.

102. ¿A qué pieza del ganado vacuno se le llama contra?

a) Es aquella zona del cuarto delantero, parte central de la cara externa de la pierna.
b) Es aquella zona del cuarto trasero, parte central de la cara externa de la pierna.
c) Es aquella zona del cuarto trasero, parte delantera de la pierna, desde la rodilla a la cadera.
d) Es aquella zona del cuarto trasero, parte situada por encima de las costillas, que está más cercana al cuarto delantero.

103. El músculo alargado del ganado vacuno situado en la parte exterior de la paletilla se denomina:

a) Pez.
b) Aguja.
c) Panceta.
d) Tapilla.

104. ¿Qué sinónimo se emplea en el fileteado de nombre *villagodio*?

a) *T-bone steak*.
b) *Rumpsteak*.
c) Entrecot.
d) Chuletón.

105. Un ave gallinácea, con las crestas desarrolladas y de colores vivos será un animal:

a) Muy joven.
b) Joven.
c) Adulto.
d) Viejo.

106. Las aves sacrificadas y libres de pluma se denominan:

a) Desplumadas.
b) Difuntas.
c) Enteras.
d) Parciales.

107. Si quedan abundantes plumones o plumas en la piel del ave para su limpieza, lo mejor que se debe hacer es proceder a su eliminación, por medio:

a) De tirones individuales a dichos anejos directamente con la mano.
b) De tirones individuales a dichos anejo empleando pinzas u otro útil mecánico.

c) De flameado del exterior del ave, sin dar directamente en la misma.
d) No hacer nada.

108. ¿Qué procedimiento consiste en envolver el ave en tiras de tocino, para evitar que al cocinarlo el calor reseque la carne?

a) Cuarteado.
b) Albardado.
c) Bridado.
d) Despojado.

109. El pescado se debe limpiar:

a) Con agua y productos desinfectantes.
b) Con agua muy fría y sustancias antianisaki.
c) Con agua y sal.
d) Solo con agua.

110. ¿Qué procedimiento de preparación del pescado consiste en cortar las aletas con una tijera hacia la cabeza?

a) Desbardado.
b) Eviscerado.
c) Desaletado.
d) No es ninguno de los anteriores.

111. El corte de pescado en forma de porción sin espina, con o sin piel, obtenida por corte del lomo se denomina:

a) Trancha.
b) Suprema.
c) Poupieta.
d) Falda.

112. Las faldas en el pescado se denominan también:

a) Ventrescas.
b) Collares.
c) Alas.
d) Todas las denominaciones anteriores son sinónimas.

113. ¿Con qué finalidad se "bridan" aves, carnes o pescados? Para:

a) Evitar que pierdan su forma durante la cocción.
b) Evitar que el producto se pegue al fondo del rondón.

c) Facilitar su cocción.
d) Dar aroma al producto.

114. ¿Qué es la regeneración de un alimento?

a) El calentamiento para que se termine de cocinar.
b) La puesta en temperatura para su consumo.
c) Un sistema de cocción.
d) El descenso de temperatura de un alimento, de forma rápida.

115. Indica la respuesta correcta:

a) Las comidas deberán prepararse con la menor anticipación posible al tiempo de consumo, salvo las que vayan a ser congeladas.
b) Las comidas deberán prepararse con la menor anticipación posible al tiempo de consumo, salvo las que vayan a ser refrigeradas.
c) Las comidas deberán prepararse con la mayor anticipación posible al tiempo de consumo, salvo las que vayan a ser congeladas.
d) Las comidas deberán prepararse con la mayor anticipación posible al tiempo de consumo, en cualquier caso.

116. Indica la afirmación falsa:

a) La materia prima se retirará de las cámaras al inicio de la jornada de trabajo para que vaya tomando temperatura antes de su uso.
b) La materia prima se retirará de la cámara y se comprobarán las condiciones higiénico-sanitarias de aptitud para consumo.
c) La materia prima no deberá tener contacto con las comidas preparadas.
d) Nunca deben cortarse sobre la misma tabla, carne cruda y carne cocinada.

117. ¿En cuál de los siguientes casos se ha producido contaminación cruzada?

a) Contaminación de una carne asada cortada con un cuchillo usado para carne cruda.
b) Contaminación de un pescado manipulado en una superficie donde se cortaron verduras crudas, que no ha sido higienizada previamente.
c) Contaminación de una hortaliza tras ser manipulada por la misma persona y al mismo tiempo que la carne cruda.
d) Todas las respuestas son correctas.

118. ¿Qué medida es eficaz para prevenir la contaminación cruzada?

a) Utilización de tablas del mismo color para la materia prima.
b) Poner el nombre del manipulador en el mango del cuchillo, para evitar utilizar el del compañero.

c) Disponer de espacios distintos para la preparación de los alimentos crudos y los cocinados.
d) Todas las respuestas son correctas.

119. ¿Cómo se pueden ver los parásitos presentes en el pescado?

a) A veces a simple vista, y otras sobre una superficie transparente que es iluminada por debajo.
b) Con ayuda de un microscopio electrónico.
c) Después de cocinarlo, mirando el fondo del recipiente de cocción.
d) No se pueden ver.

120. ¿Por qué método mueren los parásitos del pescado?

a) Cocción ligera.
b) Refrigeración prolongada.
c) Consumo en crudo y con vinagre.
d) Congelación.

121. ¿Qué es recomendable hacer con el marisco antes de su consumo?

a) Cocer en agua de mar para resaltar su sabor.
b) Raspar la concha para eliminar cualquier parásito.
c) Introducir unos minutos en agua con unas gotas de lejía apta para alimentos.
d) Todas las respuestas son correctas.

122. ¿Cómo se eliminarán los contaminantes de las hortalizas antes de su elaboración y consumo?

a) Retirando las partes más superficiales de las hortalizas y verduras de hoja.
b) Rechazando productos dañados, golpeados o deteriorados.
c) Utilizando productos autorizados para la desinfección.
d) Todas las respuestas son correctas.

123. ¿Qué medidas ayudarán a realizar el proceso de acondicionamiento de la materia prima adecuadamente?

a) Planificar y programar los tiempos de trabajo adecuadamente.
b) Descongelar mayores cantidades de materia prima de la necesaria, para ir adelantando el trabajo de limpieza de la misma.
c) Añadir más cantidad de lejía para que actúe antes.
d) Todas las respuestas son correctas.

124. ¿Qué forma de conservar el marisco es adecuada?

a) Vivo en un acuario a temperatura controlada y con agua bien oxigenada.
b) En cámaras refrigeradas.

c) Cubierto de hielo.
d) Todas las respuestas son correctas.

125. Durante la congelación del marisco, ¿cuál de estos nutrientes se pierde?

a) Proteínas.
b) Ácidos grasos.
c) Vitaminas y minerales.
d) Ninguno de ellos.

126. ¿Qué consecuencia tendrá un tiempo excesivo de cocción en el pescado?

a) Merma del producto.
b) Mayor aprovechamiento.
c) Mayor calidad higiénica por eliminación de parásitos.
d) Todas las respuestas son correctas.

127. ¿Cuál de estos alimentos tendrá mayor factor comestible?

a) Almejas.
b) Mejillones.
c) Pulpo.
d) Langosta.

128. ¿Cuál de estas hortalizas tiene mayor peso aprovechable?

a) Alcachofa.
b) Judías tiernas
c) Coliflor.
d) Lechuga.

129. ¿Cómo afecta el almacenamiento a las hortalizas?

a) Durante el tiempo de almacenamiento se favorece la maduración.
b) Al estar el producto más madura, tiene menos desperdicio.
c) Las temperaturas demasiado bajas de conservación, retrasan el deterioro de las hojas verdes.
d) Todas las respuestas son correctas.

130. ¿Qué afirmación es correcta sobre los huevos de categoría A?

a) No habrán sido sometidos a ningún procedimiento de conservación.
b) No habrán sido sometidos a temperatura inferior a 5ºC durante menos de 24 h.
c) Podrán tener la cáscara resquebrajada pero no completamente rota.
d) Todas las respuestas son correctas.

131. ¿Se puede utilizar una misma superficie para manipular alimentos crudos y cocinados?

a) No, nunca.
b) Si, siempre que se realicen separadamente y previa limpieza y desinfección de la superficie.
c) Si, siempre que se utilicen cuchillos diferentes.
d) Solamente en el caso de las verduras.

132. Para evitar la contaminación de los alimentos, ¿cómo será la congelación?

a) Rápida y a temperatura menor o igual a -18 ºC.
b) Lenta y a temperatura menor o igual a -18 ºC.
c) Entre 0 ºC a -10 ºC en el menor tiempo posible.
d) Ninguna respuesta es correcta.

133. ¿Qué se entiende por "zona de riesgo" cuando hablamos de la temperatura de los alimentos?

a) A la zona comprendida entre 0 y 65 ºC.
b) A la zona comprendida entre 10 y 70 ºC.
c) A la zona comprendida entre 0 y -18 ºC.
d) A la zona comprendida entre 65 y 100 ºC.

134. ¿Durante cuánto tiempo tras la puesta se podrán consumir de manera segura los huevos frescos?

a) 10 días
b) 20 días.
c) 28 días.
d) 58 días.

135. ¿En qué caso no se puede congelar un alimento?

a) Cuando se adquirió fresco.
b) Cuando ya fue descongelado previamente.
c) Cuando tras descongelarlo se sometió a cocción.
d) En ninguno de estos casos.

136. ¿Qué método es válido para descongelar un alimento cocinado?

a) Horno convencional.
b) Microondas.
c) Hornos a convección.
d) Todas las respuestas son correctas.

137. ¿Qué es lo que no se deberá hacer para mantener las condiciones higiénico sanitarias del alimento?

a) Empezar a cocinar una pieza descongelada y terminar de hacerla al cabo de unas horas o al día siguiente.

b) Descongelar un alimento bajo el chorro del agua.

c) Recongelar alimentos que han sido descongelados.

d) Todas las respuestas anteriores indican prácticas que no se deben hacer.

138. ¿Cómo se descongelarán las verduras?

a) A temperatura ambiente.

b) Se cocinarán sin descongelar.

c) En el abatidor.

d) Las respuestas b) y c) son correctas.

139. Indica la respuesta correcta:

a) El área de cocina caliente debe tener un fregadero, para el lavado de ollas, sartenes, y todo el menaje utilizado en la cocina caliente.

b) El área de cocina caliente contará con un refrigerador para toda la materia prima almacenada, separado del refrigerador de comidas elaboradas.

c) En el área de cocina caliente está prohibido el uso de productos desengrasantes.

d) Todas las respuestas son correctas.

140. ¿Cuál de las siguientes afirmaciones es falsa?

a) Las verduras y hortalizas se pueden cocinar directamente sin descongelar, poniéndolas en agua hirviendo con sal y teniendo en cuenta que tardan menos tiempo en cocerse que las frescas.

b) Un buen recalentamiento implica que todas las partes del alimento, incluido el centro del mismo, alcancen al menos una temperatura de 40°C.

c) Los pescados y las carnes descongeladas, tardan el mismo tiempo en hacerse que los frescos, aunque hay que asegurarse de que están cocinados a fondo, para que toda la pieza se haga por dentro y por fuera.

d) Podemos recalentar en horno microondas, de convección o al baño maría.

141. ¿En qué consiste el desbarbado del pescado?

a) En cortar las aletas con una tijera hacia la cabeza.

b) Es la separación de la cabeza del resto del cuerpo.

c) En hacer una incisión en la parte inferior del pescado, desde la cabeza hasta la cola para abrirlo y poder extraer los órganos internos.

d) En raspar las escamas de la cabeza.

142. ¿Qué es el consomé gelée?

a) Un consomé poco concentrado.
b) Un consomé concentrado que se toma frío.
c) Un fondo de pescado.
d) Un fondo oscuro.

143. ¿Cuál de las siguientes es una sopa de ajo?

a) Sopa pavesa catalana.
b) Sopa paisana.
c) Sopa castellana.
d) Todas las sopas llevan ajo.

144. ¿De qué tipo es la Vichissoise?

a) Puré.
b) Crema blanca de hortalizas.
c) Crema basada en un fondo oscuro.
d) Crema de legumbre.

145. ¿Qué caracteriza a las ensaladas?

a) Su gran aporte calórico.
b) Su bajo aporte vitamínico.
c) Su gran aporte en sales minerales.
d) Su bajo aporte de proteínas.

146. ¿Qué efecto produce el vinagre como aderezo en las ensaladas?

a) Destaca el sabor y aumenta la digestibilidad.
b) Intensifica el aroma de los ingredientes.
c) Refinan el sabor.
d) Estimulan moderadamente la función de algunos órganos.

147. ¿Cuál de los siguientes componentes no formarán parte de la vinagreta?

a) Vinagre.
b) Pimienta blanca molida.
c) Zumo de limón.
d) Mostaza.

148. ¿Cuál de las siguientes ensaladas lleva arroz como ingrediente?

a) Tosca.
b) Nantaise.

c) Rachel.
d) Ópera.

149. ¿Qué aplicación tiene la ensalada?

a) Como entremés.
b) Como guarnición.
c) Como plato final.
d) Todas las respuestas son correctas.

150. ¿Qué caracteriza las ensaladas templadas?

a) Alguno o algunos de sus ingredientes son añadidos al conjunto recién cocidos, cuando todavía están calientes.
b) Tras la elaboración se calienta antes del servicio.
c) Es un plato que se sirve caliente tras la cocción.
d) Se caracteriza por llevar pescado.

151. ¿Qué son las guarniciones?

a) Elaboraciones que componen un plato principal.
b) Elaboraciones que acompañan y/o decoran el alimento principal.
c) Un primer plato.
d) Un entrante.

152. ¿Qué es correcto sobre las guarniciones?

a) En ocasiones se elaboran de manera conjunta al plato principal.
b) La guarnición y el plato principal se elaboran por separado, pero se sirven en el mismo plato.
c) La cantidad de guarnición es menor que la de alimento principal.
d) Todas las respuestas son correctas.

153. ¿Cuáles son las guarniciones simples?

a) Las que se elaboran en menos de 10 minutos.
b) Las que no llevan más de 3 ingredientes.
c) Las que se componen solo de un ingrediente.
d) Las que se sirven solas.

154. ¿Con qué ingredientes se elabora el puré de patatas Parmentier?

a) Con leche y mantequilla.
b) Con tomate y pimienta.
c) Con bechamel ligera.
d) Todas son correctas.

155. ¿Cuál de las siguientes afirmaciones no es correcta?

a) En una dieta hipocalórica se ingieren menos calorías.
b) En una dieta hipocalórica no se reduce el aporte de vitaminas.
c) En una dieta hipocalórica se reduce el aporte de minerales.
d) La dieta hipocalórica es recomendada contra la obesidad.

156. ¿Cuándo se puede hablar de déficit nutricional?

a) Cuando la cantidad de nutrientes y proporción de los mismos es equilibrada.
b) Cuando el aporte energético diario responde a los requerimientos de cada individuo.
c) Cuando el aporte de algún nutriente no es suficiente.
d) Todas las respuestas son correctas.

157. Si con la dieta se obtiene diariamente menos energía de la que se necesita, ¿qué ocurre?

a) El organismo obtiene más energía de las reservas almacenadas en forma de proteínas.
b) El organismo obtiene más energía de las reservas almacenadas en forma de grasas.
c) El organismo funciona con menos energía.
d) La dieta siempre aporta energía suficiente.

158. ¿Cuál de los siguientes productos contienen azúcares de absorción rápida?

a) Cereales.
b) Patatas.
c) Naranja.
d) Pasteles.

159. ¿Qué grasas son menos recomendables en la dieta?

a) Saturadas.
b) Insaturadas.
c) Sólidas.
d) Todas las grasas son del mismo tipo.

160. ¿Qué es el ácido fólico?

a) Vitamina B6.
b) Vitamina C.
c) Vitamina B9.
d) Un mineral.

161. ¿Qué requisitos debe cumplir la dieta?

a) Aportar suficiente energía.
b) Ser equilibrada.

c) Debe contener todos los nutrientes.
d) Todas las respuestas son correctas.

162. ¿En cuál de estas dietas está reducido el uso de sal?

a) Hipocalórica.
b) Hiposódica.
c) Hipoproteica.
d) Progresiva.

Solución al test n.º 7

1. a) Fritos.

2. b) Aceite de oliva, albahaca, ajo, sal, piñones y queso parmesano.

3. b) Arrabiata.

4. a) A partir del arroz blanco sin pericarpio, tratado con glucosa y/o talco para usos alimenticios.

5. b) Cremosa.

6. a) Son huevos que se introducen en un pequeño recipiente de cerámica.

7. b) Con una cucharada de aceite para que no se peguen, especialmente si se va a servir inmediatamente.

8. b) Del lomo de los pescados cilíndricos.

9. d) Se sazona de sal y pimienta, se pasa por leche, huevo y harina, y se fríe con mantequilla clarificada.

10. d) Panceta.

11. b) De la porción adosada a la escápula.

12. d) Cafeína.

13. b) Los derivados cárnicos son productos alimenticios preparados total o parcialmente con carnes o despojos sometidos a operaciones específicas.

14. a) Aquellos animales que viven en el agua y son comestibles.

15. c) El pescado fresco tiene mayor valor nutritivo que el congelado.

16. d) Cuando no ha sido refrigerado ni conservado por ningún método.

17. c) Averiado.

18. b) Legumbres.

19. b) Bacón.

20. c) Colorante.

21. b) Debe recibir algún tratamiento térmico.

22. c) Leche fermentada.

23. a) La leche esterilizada es leche natural, sometida a un proceso tecnológico tal, que asegure la destrucción de los microorganismos y la inactividad de sus formas de resistencia.

24. c) Doble nata, delgada o ligera.

25. b) Es el principal componente proteico de la leche.

26. c) Capón.

27. a) Se desechará.

28. b) Ajo, cebolla y puerro.

29. d) Un tubérculo.

30. a) Aceites y grasas.

31. c) Frutas carnosas.

32. c) Todo producto que, sin fines engañosos o fraudulentos, pretenda sustituir en todo o en parte a un alimento.

33. a) Eliminación de agua.

34. c) Coliflor y zanahoria curadas en salmuera, y conservadas en vinagre y sal.

35. c) 63-73 g.

36. a) Legumbre verde.

37. d) Es el producto obtenido por la cocción reiterada de los frutos en jarabes.

38. b) La leche de vaca.

39. d) Todas son correctas.

40. c) Tocino.

41. b) Un 50 % en peso de grasa.

42. d) Todos los anteriores.

43. d) Todas las anteriores.

44. c) Manteca de coco.

45. b) Es la grasa que recubre los riñones del cerdo, mesenterios y epiplones, extraída directamente del animal.

46. b) En su elaboración se permite la adición de sal.

47. a) Sustancias que se añaden a los alimentos, de manera intencionada, con el objetivo de modificar o mejorar sus cualidades.

48. a) Alimentos crudos.

49. c) Productos limpios y envasados.

50. d) Quinta.

51. c) 3.

52. c) Cuarta gama.

53. a) Primera gama.

54. c) Azul.

55. a) Branquias de color vivo, sin mucosidad.

56. d) Todas las respuestas son incorrectas.

57. d) Las respuestas a) y b) son correctas.

58. b) Cáscara del grano de cereal desmenuzada por la molienda.

59. b) Una legumbre.

60. d) Todas son correctas.

61. a) Preserva la calidad nutricional.

62. a) La ración neta se entiende limpia de grasas, huesos, espinas, etc., que se sitúa entre ciento cincuenta y ciento ochenta gramos por persona, salvo algún tipo de corte especial o pieza de ración.

63. c) Picado.

64. a) Meterla en agua con unas gotas de limón.

65. b) Con agua y unas gotas de lejía.

66. c) La remolacha roja, se lavará primero sin cortar las ramas o tallos con los que vienen.

67. b) Se limpiará eliminando los filamentos que unen ambas caras de la vaina.

68. a) Son usados para la elaboración de encurtidos, con sales y aceites.

69. d) A la oxidación.

70. d) Todas las respuestas son correctas.

71. b) Alcachofas.

72. a) Dados pequeños.

73. c) Envolver el ave en tiras de tocino, para evitar que se reseque al cocinarlo.

74. b) Muy fina, se corta con mandolina.

75. d) 5.

76. c) ¼ kg.

77. c) Debe tener unos fregadores con agua fría y caliente para lavado de utensilios y materias primas.

78. d) Todas las respuestas son correctas.

79. b) Entre el pecho y el cuello.

80. c) Cortando alrededor de la rótula para luego tronchar.

81. d) Ninguna respuesta es correcta.

82. d) Las respuestas a) y b) son correctas.

83. d) Todas las respuestas son correctas.

84. c) Desespinado.

85. c) Se retirarán enseguida de la zona de manipulación y se depositarán en un contenedor situado cerca.

86. b) Con agua potable.

87. c) Parte situada sobre el esternón y parte de las costillas.

88. a) Lomo alto.

89. d) Panceta.

90. c) Filete no muy grueso que se empana y fríe.

91. a) Quitar las plumas.

92. a) En la parte inferior.

93. b) De un centímetro aproximadamente.

94. d) Deben cortarse sobre la misma tabla, carne cruda y carne cocinada.

95. b) Puesta a punto o mise en place.

96. c) Tanto si va a ser sometida a tratamientos térmicos durante la cocción, o se va a consumir en crudo.

97. d) La limpieza de la materia prima se realizará por todo lo antes mencionado.

98. d) Nada de lo anterior está permitido.

99. a) El área de cocina caliente debe tener un fregadero, para el lavado de ollas, sartenes, y todo el menaje utilizado en la cocina caliente.

100. c) Solomillo.

101. a) Aleta.

102. b) Es aquella zona del cuarto trasero, parte central de la cara externa de la pierna.

103. a) Pez.

104. d) Chuletón.

105. c) Adulto.

106. c) Enteras.

107. c) De flameado del exterior del ave, sin dar directamente en la misma.

108. b) Albardado.

109. d) Solo con agua.

110. a) Desbardado.

111. b) Suprema.

112. d) Todas las denominaciones anteriores son sinónimas.

113. a) Evitar que pierdan su forma durante la cocción.

114. b) La puesta en temperatura para su consumo.

115. a) Las comidas deberán prepararse con la menor anticipación posible al tiempo de consumo, salvo las que vayan a ser congeladas.

116. a) La materia prima se retirará de las cámaras al inicio de la jornada de trabajo para que vaya tomando temperatura antes de su uso.

117. d) Todas las respuestas son correctas.

118. c) Disponer de espacios distintos para la preparación de los alimentos crudos y los cocinados.

119. a) A veces a simple vista, y otras sobre una superficie transparente que es iluminada por debajo.

120. d) Congelación.

121. b) Raspar la concha para eliminar cualquier parásito.

122. d) Todas las respuestas son correctas.

123. a) Planificar y programar los tiempos de trabajo adecuadamente.

124. d) Todas las respuestas son correctas.

125. d) Ninguno de ellos.

126. a) Merma del producto.

127. c) Pulpo.

128. b) Judías tiernas.

129. a) Durante el tiempo de almacenamiento se favorece la maduración.

130. a) No habrán sido sometidos a ningún procedimiento de conservación.

131. b) Si, siempre que se realicen separadamente y previa limpieza y desinfección de la superficie.

132. a) Rápida y a temperatura menor o igual a -18ºC.

133. b) A la zona comprendida entre 10 y 70 ºC.

134. c) 28 días.

135. b) Cuando ya fue descongelado previamente.

136. d) Todas las respuestas son correctas.

137. d) Todas las respuestas anteriores indican prácticas que no se deben hacer.

138. b) Se cocinarán sin descongelar.

139. a) El área de cocina caliente debe tener un fregadero, para el lavado de ollas, sartenes, y todo el menaje utilizado en la cocina caliente.

140. b) Un buen recalentamiento implica que todas las partes del alimento, incluido el centro del mismo, alcancen al menos una temperatura de 40°C.

141. a) En cortar las aletas con una tijera hacia la cabeza.

142. b) Un consomé concentrado que se toma frío.

143. c) Sopa castellana.

144. b) Crema blanca de hortalizas.

145. c) Su gran aporte en sales minerales.

146. a) Destaca el sabor y aumenta la digestibilidad.

147. b) Pimienta blanca molida.

148. b) Nantaise.

149. d) Todas las respuestas son correctas.

150. d) Todas las respuestas son correctas.

151. b) Elaboraciones que acompañan y/o decoran el alimento principal.

152. d) Todas las respuestas son correctas.

153. c) Las que se componen solo de un ingrediente.

154. a) Con leche y mantequilla.

155. c) En una dieta hipocalórica se reduce el aporte de minerales.

156. c) Cuando el aporte de algún nutriente no es suficiente.

157. b) El organismo obtiene más energía de las reservas almacenadas en forma de grasas.

158. d) Pasteles.

159. a) Saturadas.

160. c) Vitamina B9.

161. d) Todas las respuestas son correctas.

162. b) Hiposódica.

TEST N.º 8

Elaboraciones de cocina: los fondos básicos y complementarios. Identificación y características. Elaboración y principales aplicaciones

1. ¿Qué es una fumet?

a) Un caldo de verduras.
b) Un fondo.
c) Un caldo concentrado de pescado.
d) Las respuestas b) y c) son correctas.

2. Reducir una salsa consiste en:

a) Agregar nata a una salsa.
b) Incorporar yemas de huevo a una salsa.
c) Cubrir un alimento con una salsa.
d) Dejar hervir una salsa para hacerla más concentrada.

3. ¿Cuál de los siguientes alimentos se utiliza como ligazón de una velouté?

a) Clara.
b) Yema.
c) Nata.
d) Las opciones b) y c) son correctas.

4. ¿Qué utilidad tienen los fondos?

a) Aderezar.
b) Ligar.
c) Elaborar rellenos.
d) Todas las anteriores.

5. ¿Qué es el consomé gelée?

a) Un consomé poco concentrado.
b) Un consomé concentrado que se toma frío.

c) Un fondo de pescado.
d) Un fondo oscuro.

6. ¿Qué son las farces?

a) Preparaciones básicas utilizadas para abrillantar, dar cuerpo o decorar en buffet.
b) Caldo de pescado.
c) Elaboraciones de carne o pescado mezcladas con grasa, utilizadas para rellenar géneros.
d) Ninguna respuesta es correcta.

7. ¿Cómo se denomina el preparado a base de harina tostada a fuego lento, y rehogada con grasa, utilizado para ligar?

a) Fondo.
b) Fumet.
c) Roux.
d) Bechamel.

8. ¿En qué consiste condimentar o sazonar un alimento?

a) En emplear pequeñas cantidades de determinadas sustancias, para modificar el sabor de un plato.
b) Es exclusivamente la adición de sal a las comidas.
c) Es exclusivamente la adición de especias a las comidas.
d) En elaborar un plato compuesto por distintos alimentos básicos.

9. Al sumergir el alimento en aceite caliente, ¿qué sistema de elaboración se está utilizando?

a) Ebullición.
b) Fritura por inmersión.
c) Fritura por contacto.
d) Escaldado.

10. ¿Cuáles de los siguientes elementos se utilizan como ligazones?

a) Almidón.
b) Albúmina.
c) Grasas.
d) Todos los anteriores.

11. ¿Qué es una fumet?

a) Un caldo de verduras.
b) Un fondo.

c) Un caldo concentrado de pescado.
d) Las respuestas b) y c) son correctas.

12. Los purés ligeros y refinados, con textura suave, ¿cómo se denominan?

a) Sopas.
b) Cremas.
c) Purés.
d) Gelatinas.

13. ¿De dónde se obtiene la tapioca?

a) De la mandioca.
b) De la harina.
c) De la tapioca.
d) Del arroz.

14. ¿Cuál de las siguientes es una sopa de ajo?

a) Sopa pavesa catalana.
b) Sopa paisana.
c) Sopa castellana.
d) Todas las sopas llevan ajo.

15. ¿De qué tipo es la Vichissoise?

a) Puré.
b) Crema blanca de hortalizas.
c) Crema basada en un fondo oscuro.
d) Crema de legumbre.

16. ¿Qué tipo de fondo es el que se obtiene por cocción de carne y huesos de ternera o ave normalmente, junto con hortalizas para condimentar, utilizándose para mojar carne guisada o arroz, así como para elaborar sopas, salsas, o cremas?

a) Fondo negro.
b) Fondo blanco.
c) Fondo gris.
d) Fumet.

17. ¿Cómo se denomina la harina que se obtiene de la mandioca (*Manihot esculenta*)?

a) Arruruz.
b) Fécula.

c) Tapioca.
d) Roux.

18. ¿Qué es una farsa?

a) Un relleno para hojaldres, terrinas, pescados, crustáceos, piezas de carne o verduras, muy bien picados o molidos, y condimentados.
b) Una proteína que se encuentra en la harina y que aporta elasticidad.
c) Un extracto que se consigue al cocer moluscos y crustáceos, pescado, carne o verduras. Sirve como base para las salsas y sopas.
d) Un caldo aromatizado que se prepara generalmente con las espinas del pescado, habitualmente blanco.

19. ¿Qué fondo se elabora con carne y huesos de ternera o ave, hortalizas en mirepoix y presenta un color blanquecino?

a) Fondo concentrado.
b) Fumet.
c) Fondo blanco.
d) Glacé.

20. ¿Cuál es la principal diferencia entre un fondo blanco y un fondo oscuro?

a) La cantidad de agua utilizada.
b) El tipo de hortalizas.
c) La duración de la cocción.
d) El asado previo de carne y huesos en el fondo oscuro.

21. ¿Qué fondo se elabora a partir de pescado blanco, marisco y verduras enteras peladas y limpias, con cocción corta?

a) Fondo blanco.
b) Fumet.
c) Glacé.
d) Roux.

22. ¿Qué característica tiene la mantequilla manié como ligazón?

a) Aporta transparencia y brillo.
b) Da sabor a harina cruda y falta de brillo.
c) Es una mezcla cocida de mantequilla y harina.
d) Debe hervirse para espesar.

23. ¿Qué tipo de ligazón se prepara mezclando mantequilla derretida con harina y se clasifica según su color?

a) Gelatina.
b) Fondo ligado.
c) Roux.
d) Aparejo.

24. ¿Qué ingrediente se utiliza tradicionalmente como espesante en platos como salsa vizcaína?

a) Fécula de patata.
b) Maicena.
c) Almidón de maíz.
d) Pan frito.

25. ¿Cuál es el uso de la sangre como ligazón en cocina?

a) Se emplea para espesar cualquier guiso.
b) Se utiliza en platos como civet o lamprea para espesar sin hervir.
c) Es útil para postres con chocolate.
d) Solo se usa en pastelería salada.

Solución al test n.º 8

1. d) Las respuestas b) y c) son correctas.

2. d) Dejar hervir una salsa para hacerla más concentrada.

3. d) Las opciones b) y c) son correctas.

4. d) Todas las anteriores.

5. b) Un consomé concentrado que se toma frío.

6. c) Elaboraciones de carne o pescado mezcladas con grasa, utilizadas para rellenar géneros.

7. c) Roux.

8. a) En emplear pequeñas cantidades de determinadas sustancias, para modificar el sabor de un plato.

9. b) Fritura por inmersión.

10. d) Todos los anteriores.

11. d) Las respuestas b) y c) son correctas.

12. b) Cremas.

13. a) De la mandioca.

14. c) Sopa castellana.

15. b) Crema blanca de hortalizas.

16. b) Fondo blanco.

17. c) Tapioca.

18. a) Un relleno para hojaldres, terrinas, pescados, crustáceos, piezas de carne o verduras, muy bien picados o molidos, y condimentados.

19. c) Fondo blanco.

20. d) El asado previo de carne y huesos en el fondo oscuro.

21. b) Fumet.

22. b) Da sabor a harina cruda y falta de brillo.

23. c) Roux.

24. d) Pan frito.

25. b) Se utiliza en platos como civet o lamprea para espesar sin hervir.

TEST N.º 9

**Elaboraciones de cocina: las salsas básicas, frías y calientes.
Principales salsas derivadas. Identificación,
composición y principales aplicaciones**

1. ¿Cuál de las siguientes es una salsa caliente?

a) Genovesa.
b) Demi-Glace.
c) Jugo Ligado.
d) Todas son correctas.

2. ¿Cuál de las siguientes es una salsa fría?

a) Holandesa.
b) Mojo.
c) Glacé.
d) Bechamel.

3. La salsa Foyot (señala la correcta):

a) Es una variación de la salsa mayonesa clásica hecha al agregar glaseado de pesacado.
b) Es una variación de la salsa bechamel clásica hecha al agregar caldo de carne.
c) Es una variación de la salsa béarnaise clásica hecha al agregar glaseado de carne.
d) Todas son falsas.

4. ¿Cuál de las siguientes salsas se elabora a partir del jugo de un asado?

a) Bechamel.
b) Española.
c) Tomate.
d) Genovesa.

5. ¿Cuál es el principal ingrediente de la salsa Demi-Glace?

a) Raspa y cabezas de pescados.
b) Huesos de vacuno y despojos.

c) Huevo.
d) Leche.

6. ¿Cuál de las siguientes salsas lleva yema de huevo en su elaboración?

a) Concassé.
b) Genovesa.
c) Holandesa.
d) Bechamel.

7. ¿Cuál de las siguientes salsas es muy empleada en parrilladas?

a) Alioli.
b) Tomate.
c) Mayonesa.
d) Bearnesa.

8. ¿Cuál de las siguientes salsas lleva ajo en su elaboración?

a) Alioli.
b) Tomate.
c) Holandesa.
d) Rouefort.

9. La salsa pescador:

a) Es una vinagreta a la que se le añade pepinillos.
b) Es una vinagreta a la que se le añade carne de cangrejo.
c) Es una vinagreta a la que se le añade pan con ajo.
d) Es una vinagreta a la que se le añade anchoas.

10. ¿Con qué se elabora la salsa noruega?

a) Es una vinagreta a la que se le añade cebolla asada.
b) Es una vinagreta a la que se le añade mostaza.
c) Es una vinagreta a la que se le añade pan con ajo.
d) Es una vinagreta a la que se le añade anchoas y finas hiervas.

11. ¿Cuál de las siguientes salsas es derivada de una bechamel?

a) Chaud-Froid.
b) Parisién.
c) Tomate.
d) Agridulce.

12. ¿Cómo se denominan las salsas que se le ha añadido elementos ácidos, dulces, amargos y agrios?

a) Veluté.
b) Parisién.
c) Tomate.
d) Agridulces.

13. Cuando a una salsa, una vez terminada, se le agrega nata líquida, yemas de huevo, o mantequilla, se denomina:

a) Salsa concentrada.
b) Salsa arrebatada.
c) Salsa trabada.
d) Salsa tártara.

14. ¿Cuál de las siguientes salsas está elaborada con salsa oscura obtenida del pescado?

a) Salsa nata.
b) Bechamel.
c) Concasse.
d) Genovesa.

15. ¿Qué tipo de salsa es la worcestershire?

a) Es una salsa agridulce a base de frutas, azúcar, vinagre y especias; empleada sobre todo para aromatizar platos de carne.
b) Es un condimento elaborado con semillas de diferentes mostazas molidas, sal, vinagre y agraz, a la que se le añaden otros elementos aromáticos.
c) Es una salsa a base de pimientos rojos picantes, vinagre, alcohol y sal. Se emplea para la elaboración de salsas como la rosa y la diabla así como para dar sabor picante a diversas elaboraciones.
d) Es conocida por su nombre comercial "lea perrins", se emplea como condimento de platos de cocina inglesa y algunas salsas.

16. ¿Qué es la bechamel?

a) Una salsa básica caliente.
b) Una salsa básica fría.
c) Una salsa derivada fría.
d) Una salsa derivada caliente.

17. ¿Cuál de las siguientes es una salsa caliente?

a) Alioli.
b) Mojo.
c) Agridulce.
d) Ninguna de las anteriores.

18. ¿Qué salsa se elabora a partir del jugo de un asado o un fondo oscuro?

a) Bechamel.
b) Holandesa.
c) Salsa Española.
d) Salsa de tomate.

19. ¿Cuál es el componente principal de la salsa crema?

a) Mantequilla.
b) Caldo blanco.
c) Nata o crema.
d) Harina.

20. ¿Qué ingrediente se recomienda añadir a la bechamel para napar?

a) 50 g de mantequilla.
b) 85-90 g de mantequilla.
c) 110 g de mantequilla.
d) 150 g de mantequilla.

21. ¿Qué se obtiene al añadir gelatina a una salsa blanca caliente?

a) Salsa velouté.
b) Salsa Chaud-Froid.
c) Salsa de tomate.
d) Salsa Genovesa.

22. ¿Qué característica tiene el mojo picón respecto al uso del fuego?

a) Se elabora al baño maría.
b) Se hierve antes de servir.
c) No interviene el fuego.
d) Se fríe con aceite.

23. ¿Qué ingredientes se añaden a la bechamel para obtener la salsa Mornay?

a) Queso azul y nata.
b) Mantequilla y harina.

c) Yema de huevo y queso rallado.
d) Cebolla y nata.

24. ¿Qué salsa es una derivación de la bechamel con tomate?

a) Villaroy.
b) Aurora.
c) Aurora.
d) Nantua.

25. ¿Cuál es la base de la salsa Bordelesa?

a) Mayonesa.
b) Salsa Española.
c) Salsa Holandesa.
d) Salsa Velouté.

Solución al test n.º 9

1. d) Todas son correctas.

2. b) Mojo.

3. c) Es una variación de la salsa Béarnaise clásica hecha al agregar glaseado de carne.

4. b) Española.

5. b) Huesos de vacuno y despojos.

6. c) Holandesa.

7. d) Bearnesa.

8. a) Alioli.

9. b) Es una vinagreta a la que se le añade carne de cangrejo.

10. d) Es una vinagreta a la que se le añade anchoas y finas hiervas.

11. b) Parisién.

12. d) Agridulces.

13. c) Salsa trabada.

14. d) Genovesa.

15. d) Es conocida por su nombre comercial "lea perrins", se emplea como condimento de platos de cocina inglesa y algunas salsas.

16. a) Una salsa básica caliente.

17. d) Ninguna de las anteriores.

18. c) Salsa Española.

19. c) Nata o crema.

20. b) 85-90 g de mantequilla.

21. b) Salsa Chaud-Froid.

22. c) No interviene el fuego.

23. c) Yema de huevo y queso rallado.

24. c) Aurora.

25. b) Salsa Española.

Sistema y métodos de conservación y regeneración de los alimentos y elaboraciones de cocina. Equipos, técnicas y registros

1. ¿De qué manera alargan la vida útil de los alimentos, los métodos de conservación?

a) Impidiendo que los microorganismos se multipliquen en el alimento.
b) Impidiendo que se produzcan reacciones químicas que deterioren los alimentos.
c) Reduciendo el número de microorganismos que hay en un alimento.
d) Todas son correctas.

2. ¿Cuál de los siguientes alimentos no es una conserva?

a) Embutidos.
b) Tallarines.
c) Mojama.
d) Yogur.

3. ¿Cuál de las siguientes afirmaciones acerca de la congelación no es cierta?

a) Es un método de conservación que se basa en la inhibición del crecimiento bacteriano.
b) La más correcta es la congelación rápida, ya que la lenta puede deteriorar los alimentos.
c) Se trata de mantener el alimento a una temperatura superior a −18 ºC.
d) La ultracongelación equivale a congelación rápida.

4. ¿Cuál es la función de un abatidor de temperatura?

a) Reducir rápidamente la temperatura de cualquier producto.
b) Aumentar rápidamente la temperatura de un producto hasta 70 ºC en el centro.
c) Conservar los alimentos.
d) Descongelar los alimentos.

5. ¿Cuál de las siguientes afirmaciones sobre la pasteurización es correcta?

a) Es un tratamiento térmico que destruye los microorganismos patógenos, es decir, aquellos que pueden perjudicar la salud del consumidor.

b) Se utiliza cuando un tratamiento de esterilización alteraría las características organolépticas del alimento.

c) Como ofrece menos garantía que la esterilización, va acompañado de otros métodos de conservación como frío o envases tipo brick.

d) Todas las afirmaciones anteriores son correctas.

6. ¿Cuál es la temperatura máxima de conservación de un alimento congelado?

a) –18 ºC.

b) +18 ºC.

c) 0 ºC.

d) 5 ºC.

7. Los boquerones en vinagre son un tipo de conserva de pescado. ¿En qué se basa?

a) En la deshidratación.

b) En la acidificación.

c) En la liofilización.

d) No están conservados.

8. ¿Qué es el encurtido?

a) Un tipo de pepinillo.

b) Un método de conservación que utiliza la temperatura.

c) Un método de conservación que utiliza vinagre.

d) Una forma de preparar pescado.

9. ¿Qué es la salmuera?

a) Un tipo de pescado.

b) Una especia.

c) Sal disuelta en agua.

d) Un método de conservación por frío.

10. ¿Qué alimentos se pueden salar para conservarlos?

a) Pescados.

b) Carnes.

c) Hortalizas.

d) Todos los anteriores.

11. ¿Para qué se utiliza el escabeche?

a) Para enriquecer el sabor.
b) Para conservar.
c) Para disminuir la temperatura del producto.
d) Las opciones a) y b) son correctas.

12. ¿Qué tipo de conservación se usa para los zumos de fruta?

a) Esterilización.
b) Deshidratación.
c) Pasteurización.
d) Congelación.

13. ¿Cómo se debe regenerar un producto refrigerado?

a) Calentando hasta que el centro alcance los 70 ºC.
b) Bajo el grifo.
c) Calentando ligeramente.
d) Cociendo media hora.

14. ¿Qué método de conservación utiliza el vinagre como ingrediente conservador?

a) Adobo.
b) Encurtido.
c) Salazón.
d) Las opciones a) y b) son correctas.

15. ¿Cuál de las siguientes afirmaciones no es correcta?

a) No se deben introducir latas de conserva una vez abiertas en el refrigerador.
b) Los géneros se deben meter en refrigerador en las cajas en que los sirvió el proveedor.
c) No se deben introducir géneros calientes en el refrigerador.
d) Los géneros se deben envolver antes de meter en la nevera.

16. ¿Qué tipo de conserva es el jamón?

a) Es un producto conservado por deshidratación.
b) Es un producto conservado por refrigeración.
c) Es un producto conservado por salazón.
d) No es un producto conservado.

17. ¿En qué consiste la desecación por atomización?

a) El producto líquido se pulveriza sobre unas placas y se somete a corrientes de aire caliente.
b) El producto pasa de sólido a gas directamente sin pasar por la fase líquida.

c) El producto se expone al sol o a corrientes de aire hasta que se seca.
d) Ninguna es correcta.

18. ¿Qué es confitar?

a) Método de conservación de frutas, que consiste en cocerla con azúcar para aumentar su concentración e impedir el crecimiento bacteriano.
b) Cocinar el alimento con su propia grasa o grasa añadida, si es necesario, de manera que quede cubierto completamente para protegerlo de los microorganismos.
c) Someter a los alimentos de origen vegetal a la acción del vinagre, con o sin sal, azúcares u otros condimentos.
d) Ninguna es correcta.

19. ¿Qué efecto tiene el frío sobre los alimentos?

a) Mata a los microorganismos, alargando la vida útil del alimento.
b) Solidifica el agua, impidiendo que esté disponible para los microorganismos.
c) Acidifica el medio, modificando su sabor.
d) Las respuestas a y b son correctas.

20. ¿En qué consiste la liofilización?

a) Eliminación del agua por sublimación.
b) Adición de agua.
c) Pulverización del alimento por fraccionamiento.
d) Ninguna respuesta es correcta.

21. ¿Con qué tipo de alimento se prepara la compota?

a) Con hortalizas.
b) Con carne.
c) Con aceites.
d) Con fruta.

22. ¿Qué son los productos de tercera gama?

a) Productos congelados no cocinados.
b) Productos limpios precocinados y envasados.
c) Productos totalmente preparados, cocinados, envasados al vacío y refrigerados.
d) Alimentos crudos.

23. ¿Qué vehículos se utilizarán para el transporte de leche?

a) Vehículos isotermos de fácil limpieza.
b) Cualquier vehículo si la distancia de desplazamientos es superior a 200 kilómetros.

c) Camiones congeladores.
d) Vehículos similares a los utilizados para el transporte de fruta y verdura.

24. ¿Cómo podrá evitar la desecación de los productos frescos durante su almacenamiento?

a) Bajando la temperatura de almacenamiento.
b) Subiendo la temperatura de almacenamiento.
c) Protegiéndolo con papel de polietileno.
d) Aumentando la humedad de la cámara.

25. ¿En qué fase se multiplican los microorganismos?

a) Fase lago-fase inicial.
b) Fase estacionaria.
c) Fase de crecimiento exponencial.
d) Fase de muerte.

26. ¿Cómo se puede impedir la multiplicación de microorganismos en los alimentos?

a) Disminuyendo de la temperatura.
b) Eliminando el agua.
c) Acidificando el medio.
d) Todas las respuestas son correctas.

27. ¿Para cuál de los siguientes productos se utiliza la pasteurización como método de conservación?

a) Anchoas.
b) Jamón.
c) Verduras.
d) Zumos.

28. ¿Para qué se utiliza el autoclave con agitación?

a) Higienizar alimentos.
b) Esterilizar líquidos.
c) Pasteurizar natas.
d) Todas son correctas.

29. ¿Qué tipo de congelación de alimentos produce cristales de hielo que dañan la estructura del producto?

a) Congelación artificial.
b) Congelación rápida.

c) Congelación lenta.
d) Congelación natural.

30. ¿Qué alimento es uno de los más idóneos para que se ultracongele fresco, ya que además de la ganancia nutricional se evita ciertas parasitosis, como la del anisakis?

a) Verdura.
b) Fruta.
c) Pescado.
d) Legumbres.

31. ¿Qué sistema de congelación mediante aire forzado es aquel donde el aire fluye perpendicular hacia la superficie del producto?

a) Congeladores de lecho fluido.
b) Congeladores de banda espiral.
c) Congeladores de circulación dividida de aire.
d) Congeladores de choque.

32. ¿Qué sistema de congelación reduce la oxidación que produciría el contacto con el aire?

a) Congeladores por contacto directo.
b) Congeladores de circulación dividida de aire.
c) Congeladores de choque.
d) Congeladores de lecho fluido.

33. La esterilización por calor se usa principalmente para:

a) Carnes rojas y blancas.
b) Frutas y verduras.
c) Conservas.
d) Legumbres.

34. La esterilización a temperaturas superiores a 100 ºC produce una disminución de las propiedades nutritivas de los alimentos, ocasionando sobre las grasas un/una:

a) Coagulación, y aparición de compuestos tóxicos.
b) Oxidación, y aparición de compuestos tóxicos.
c) Enranciamiento, y aparición de compuestos tóxicos.
d) Caramelización, y aparición de compuestos tóxicos.

35. El principal equipo empleado para esterilización es:

a) El horno convencional.
b) El autoclave.

c) La estufa.
d) El Poupinel.

36. Respecto al empleo de radiaciones como medio de conservación de los alimentos, todo lo que se dice es falso, excepto que:

a) No desinfecta.
b) Retrasa la maduración de frutas y hortalizas.
c) No destruye las bacterias existentes en la carne fresca.
d) No elimina los insectos.

37. ¿Qué sistema de deshidratación de alimentos es aquel donde se genera calor o corrientes de aire sobre el alimento?

a) Desecación natural.
b) Deshidratación artificial.
c) Atomización.
d) Deshidratación de sólidos.

38. ¿Cómo se llama el método para reducir la cantidad de agua de un alimento, en el que se produce el paso de sólido a gas sin pasar por líquido?

a) Sublimación.
b) Liofilización.
c) Ahumado.
d) Uperización.

39. El ahumado en caliente se emplea para:

a) Salchichas.
b) Jamón.
c) Salmón.
d) Queso.

40. ¿Cuáles de los siguientes elementos deberán figurar en la lista de ingredientes de la etiqueta?

a) Los aditivos.
b) Los coadyuvantes tecnológicos.
c) Las sustancias utilizadas en las dosis estrictamente necesarias como disolventes o soportes para aditivos, enzimas y aromas.
d) Todos los anteriores.

41. ¿Qué grado alcohólico tendrá una bebida para que haya obligación de indicarlo en el envase?

a) 0,2 %.
b) 1,2 %.

c) 1,5 %.
d) 2 %.

42. ¿En qué unidades se expresará la cantidad neta de un producto líquido?

a) Unidades de masa.
b) Unidades de peso.
c) Unidades de volumen.
d) Tanto por ciento.

43. ¿Cómo indicará la etiqueta la duración de un producto?

a) Tiempo máximo de duración.
b) Día de fabricación.
c) Fecha de consumo preferente o de consumo obligado.
d) Fecha de duración mínima o fecha de caducidad.

44. ¿Dónde se establece la lista de ingredientes en los que se indicará en la etiqueta mediante una referencia clara al nombre de dicho ingrediente?

a) Anexo V del RD 1334/1999.
b) Anexo II del RD 1334/1999.
c) Artículo I del RD 1334/1999.
d) Ninguna respuesta es correcta.

45. Las carnes en canales y medias canales, tal y como se presentan en los mataderos, ¿qué tipo de productos son?

a) De 1.ª gama.
b) De 2.ª gama.
c) De 3.ª gama.
d) De 4.ª gama.

46. ¿Qué efecto conservador tiene el envasado al vacío?

a) Antioxidante.
b) Antibacteriano.
c) Oxidante.
d) Las respuestas a) y b) son correctas.

47. Respecto al transporte de alimentos, ¿qué está prohibido?

a) Transportar alimentos no aptos para el consumo junto a los que sí lo son.
b) Transportar alimentos que no estén correctamente etiquetados y precintados.
c) Transportar productos alimenticios junto a cualquier sustancia tóxica.
d) Todas las respuestas son correctas.

48. ¿Cómo podrá evitar la desecación de los productos frescos durante su almacenamiento?

a) Bajando la temperatura de almacenamiento.
b) Subiendo la temperatura de almacenamiento.
c) Protegiéndolo con papel de polietileno.
d) Aumentando la humedad de la cámara.

49. ¿Cómo se denomina la fase de los microorganismos en la que estos se están adaptando al medio, por lo que su número permanece más o menos constante?

a) Fase estacionaria.
b) Fase de crecimiento exponencial.
c) Fase lago o inicial.
d) Fase de muerte.

50. ¿Para qué producto no se emplea generalmente la salmuera seca?

a) Bacalao.
b) Anchoa.
c) Beicon.
d) Jamón serrano.

Solución al test n.º 10

1. d) Todas las anteriores.

2. b) Tallarines.

3. c) Se trata de mantener el alimento a una temperatura superior a −18 ºC.

4. a) Reducir rápidamente la temperatura de cualquier producto.

5. d) Todas las afirmaciones anteriores son correctas.

6. a) −18 ºC.

7. b) En la acidificación.

8. c) Un método de conservación que utiliza vinagre.

9. c) Sal disuelta en agua.

10. d) Todos los anteriores.

11. d) Las opciones a) y b) son correctas.

12. c) Pasteurización.

13. a) Calentando hasta que el centro alcance los 70 ºC.

14. d) Las opciones a) y b) son correctas.

15. b) Los géneros se deben meter en refrigerador en las cajas en que los sirvió el proveedor.

16. c) Es un producto conservado por salazón.

17. a) El producto líquido se pulveriza sobre unas placas y se somete a corrientes de aire caliente.

18. b) Cocinar el alimento con su propia grasa o grasa añadida, si es necesario, de manera que quede cubierto completamente para protegerlo de los microorganismos.

19. b) Solidifica el agua, impidiendo que esté disponible para los microorganismos.

20. a) Eliminación del agua por sublimación.

21. d) Con fruta.

22. a) Productos congelados no cocinados.

23. a) Vehículos isotermos de fácil limpieza.

24. c) Protegiéndolo con papel de polietileno.

25. c) Fase de crecimiento exponencial.

26. d) Todas las respuestas son correctas.

27. d) Zumos.

28. b) Esterilizar líquidos.

29. c) Congelación lenta.

30. c) Pescado.

31. d) Congeladores de choque.

32. a) Congeladores por contacto directo.

33. c) Conservas.

34. b) Oxidación, y aparición de compuestos tóxicos.

35. b) El autoclave.

36. b) Retrasa la maduración de frutas y hortalizas.

37. b) Deshidratación artificial.

38. b) Liofilización.

39. a) Salchichas.

40. a) Los aditivos.

41. b) 1,2 %.

42. c) Unidades de volumen.

43. d) Fecha de duración mínima o fecha de caducidad.

44. a) Anexo V del RD 1334/1999.

45. a) De 1.ª gama.

46. a) Antioxidante.

47. d) Todas las respuestas son correctas.

48. c) Protegiéndolo con papel de polietileno.

49. c) Fase lago o inicial.

50. c) Beicon.

TEST N.º 11

La oferta gastronómica: Principales platos de cocina regional y nacional. Identificación, composición y elaboración

1. ¿De qué comunidad autónoma es la Denominación de Origen aceite de oliva de Baena?

a) Asturias.
b) Andalucía.
c) Región de Murcia.
d) Canarias.

2. ¿Cuál de estos ingredientes lleva el ajoblanco?

a) Nueces.
b) Castañas.
c) Almendras.
d) Tomate.

3. ¿Cuál de estos ingredientes no forma parte del gazpacho andaluz?

a) Tomate.
b) Pimiento.
c) Pepino.
d) Berenjena.

4. ¿Cuál de estos es un plato frío?

a) Salmorejo.
b) Papas aliñadas.
c) Gazpacho.
d) Todas las respuestas son correctas.

5. ¿Cuál de estos vinos tiene denominación de origen de Aragón?

a) Cariñena.
b) Jumilla.

c) Toro.
d) Penedés.

6. ¿Qué fruta tiene una Denominación de Origen en Aragón?

a) Manzana.
b) Pera.
c) Melocotón.
d) Melón.

7. ¿Qué son los boliches de embún?

a) Tomates, pimientos rojos y berenjenas asadas al rescoldo, que después se cortan en tiras y se aliñan con aceite y sal.
b) Alubias redondas que se cocinan con oreja y rabo de cerdo.
c) Una espalda de ternasco deshuesada se salpimenta y se rellena
d) Guiso de lentejas cocidas con un hueso de jamón y un sofrito de tomate, cebolla y puerros, al que se añaden champiñones y morcilla.

8. ¿En qué orden se fríen las verduras en el chirigol?

a) Pimiento, berenjena, cebolla y tomate.
b) Tomate, cebolla, berenjena y pimiento.
c) Pimiento, cebolla, berenjena y tomate.
d) Cebolla, pimiento, tomate y berenjena.

9. ¿Qué ingrediente de entre los siguientes lleva el pollo al chilindrón?

a) Bacon.
b) Jamón.
c) Fruta.
d) Col.

10. El queso que se caracteriza por su pequeño formato, un queso sin prensar, con algunos agujeros en su interior, compacto y con la corteza fina y rugosa, ¿cómo se denomina?

a) Queso picón Bejes-Tresviso
b) Tetilla.
c) Quesucos de Liébana
d) Ibores

11. ¿De dónde son típicos los bocartes al ajillo?

a) Andalucía.
b) Cantabria.

c) Castilla-León.
d) Galicia.

12. ¿Cuál es el ingrediente principal del sorropotún?

a) Bonito.
b) Vacuno.
c) Cabracho.
d) Huevo.

13. ¿Cuál de estos alimentos tiene Denominación de Origen en Castilla- La Mancha?

a) Azafrán.
b) Miel.
c) Queso.
d) Todos los anteriores tienen Denominación de Origen.

14. ¿De qué provincia es el queso con Denominación de Origen en Castilla-León?

a) Valladolid.
b) Salamanca.
c) Burgos.
d) Zamora.

15. ¿Qué caracteriza al cocido maragato?

a) Se comienza sirviendo la carne y se termina por la sopa.
b) No lleva garbanzos.
c) Sólo lleva carne de ave.
d) Incluye pescado.

16. ¿Qué son carquiñolis?

a) Guiso que lleva diferentes carnes y verduras
b) Masa de mazapán mezclado con almendras, ralladura de limón y canela.
c) Requesón con miel decorado con piñones y nueces.
d) Empanada rellena de cabello de ángel y miel.

17. ¿Cuál de estos platos catalanes es un guiso que lleva diferentes carnes y verduras?

a) Esqueixada de bacalao
b) Panellets
c) Coca de Sant Joan
d) Escudella i Carn D'olla

18. Masa de calabaza, boniato y yema de huevo y se mezcla con almendras, canela y ralladura de limón. ¿Cómo se denomina esta elaboración?

a) Arnadí.
b) Cocas de Toñina.
c) Rossejat de fideos.
d) All i Pebre.

19. ¿Con qué se elabora el caldo gallego?

a) Alubias, lentejas y guisantes.
b) Jamón, lacón y ternera, con judías verdes.
c) Alubias, patatas, hueso de jamón ternera y grelos.
d) Pescado.

20. ¿Con qué se elabora la greixonera ibicenca?

a) Con carne.
b) Con legumbre.
c) Con verdura.
d) Con ensaimadas del día anterior.

21. ¿Qué lleva el mojo verde?

a) Pimentón, vinagre, aceite de oliva,
b) Ajos, comino, sal y pimentón
c) Perejil y cilantro
d) Ajo y cebolla.

22. ¿Qué son los caparrones?

a) Hortalizas de hoja tierna.
b) Pollos jóvenes.
c) Alubia blanca.
d) Alubia roja.

23. ¿Cuál de estas elaboraciones no es representativa de Madrid?

a) Churros.
b) Buñuelos de viento.
c) Rosquillas de San Isidro.
d) Torteles

24. ¿Qué es el marmitako?

a) Elaboración a base de bonito con espinacas, patatas, y pimientos rojos morrones.
b) Un hojaldre relleno de una crema de yemas, azúcar, harina, leche y canela.

c) Es una cocción de patata, puerro y calabaza, con un chorro de aceite y sal.

d) Ninguna respuesta es correcta.

25. ¿Qué es cierto sobre la fabada?

a) Es un plato típico asturiano.

b) Es necesario poner en remojo la noche anterior tanto las fabes como el lacón y el tocino.

c) Se sirve en la misma cazuela y se acompaña de una fuente con morcilla, chorizo, lacón y tocino.

d) Todas las respuestas son ciertas.

Solución al test n.º 11

1. b) Andalucía.

2. c) Almendras.

3. d) Berenjena.

4. d) Todas las respuestas son correctas.

5. a) Cariñena.

6. c) Melocotón.

7. b) Alubias redondas que se cocinan con oreja y rabo de cerdo.

8. a) Pimiento, berenjena, cebolla y tomate.

9. b) Jamón.

10. c) Quesucos de Liébana.

11. b) Cantabria.

12. a) Bonito.

13. d) Todos los anteriores tienen Denominación de Origen.

14. d) Zamora.

15. a) Se comienza sirviendo la carne y se termina por la sopa.

16. b) Masa de mazapán mezclado con almendras, ralladura de limón y canela.

17. d) Escudella i Carn D'olla.

18. a) Arnadí.

19. c) Alubias, patatas, hueso de jamón ternera y grelos.

20. d) Con ensaimadas del día anterior.

21. c) Perejil y cilantro.

22. d) Alubia roja.

23. d) Torteles.

24. a) Elaboración a base de bonito con espinacas, patatas, y pimientos rojos morrones.

25. d) Todas las respuestas son ciertas.

Cómo acceder al Curso

Ayudante de Cocina (Grupo IV Personal Laboral)
Test del temario específico

El uso de los códigos **es exclusivo de los compradores de los productos de Editorial MAD**. Cada producto posee un código único y de un solo uso. Es personal e intransferible y da acceso a servicios y contenidos adicionales. Editorial MAD se reserva el derecho de hacer cuantas comprobaciones sean necesarias para identificar al legítimo poseedor del código y dejar de dar servicio a quien haga uso fraudulento del mismo, además de emprender cuantas acciones legales estime oportunas según la legislación vigente.

Deberás acceder a:

mad.es/registro-campus

Si una vez aceptadas las condiciones de uso del Campus decides hacer uso del mismo, necesitarás del siguiente código de acceso junto con los códigos del resto de títulos que se exigen (si fuera el caso):

9GQFB4W273